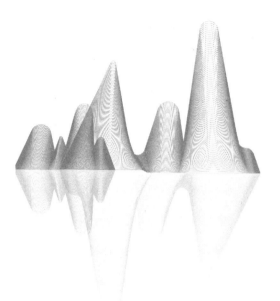

# 《老子》注释

老子 / 著

邓景异 / 注释

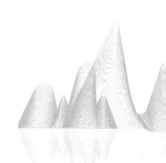

北京大学出版社
PEKING UNIVERSITY PRESS

## 图书在版编目(CIP)数据

《老子》注释/邓景异注释. —北京:北京大学出版社,2021.10
ISBN 978-7-301-32438-7

Ⅰ.①老… Ⅱ.①邓… Ⅲ.①道家 ②《道德经》—注释 Ⅳ.①B223.12

中国版本图书馆 CIP 数据核字(2021)第 176827 号

| | |
|---|---|
| 书　　　名 | 《老子》注释 |
| | 《LAOZI》ZHUSHI |
| 著作责任者 | 老　子　著　邓景异　注释 |
| 责 任 编 辑 | 闵艳芸 |
| 标 准 书 号 | ISBN 978-7-301-32438-7 |
| 出 版 发 行 | 北京大学出版社 |
| 地　　　址 | 北京市海淀区成府路 205 号　100871 |
| 网　　　址 | http://www.pup.cn　新浪微博:@北京大学出版社 |
| 电 子 信 箱 | minyanyun@163.com |
| 电　　　话 | 邮购部 010-62752015　发行部 010-62750672 |
| | 编辑部 010-62750673 |
| 印 刷 者 | 大厂回族自治县彩虹印刷有限公司 |
| 经 销 者 | 新华书店 |
| | 965 毫米×1300 毫米　16 开本　13.5 印张　152 千字 |
| | 2021 年 10 月第 1 版　2021 年 10 月第 1 次印刷 |
| 定　　　价 | 49.00 元 |

未经许可,不得以任何方式复制或抄袭本书之部分或全部内容。
**版权所有,侵权必究**
举报电话:010-62752024　电子信箱: fd@pup.pku.edu.cn
图书如有印装质量问题,请与出版部联系,电话:010-62756370

# 前言

十九年前,还在北京大学哲学系读书时,我就很喜欢读《老子》,但读懂《老子》并不容易。据说有史以来全世界传播最广的有两本书,一本是《圣经》,一本就是《老子》。可《圣经》有几百万字,而《老子》却只有五千多字,可见其文字之简洁深奥。另外,《老子》分为八十一章,章与章之间联系并不紧密,每一章似乎都可独立成篇,这又进一步增加了理解的难度,因此历代以来对《老子》的注释也是最多的。但这些注本读起来也有困难。古代的注本言辞古奥,发挥甚多,增加了文意的复杂性。当代的注本则爱用新出土的简帛修改通行本,或干脆用自己的理解修改,使《老子》文本一变再变,没有定论。所以,我想选择一个历代通行的、具有文化延续性与历史实践性的版本,然后以尽可能符合经文原意为唯一原则,加以细致入微的注释,以便于现代人理解老子,这就是这个注释本的由来。

注解《老子》首先是选择版本的问题,众所周知,除了历史上通行的河上公本《老子》与王弼本《老子》,这些年来,先后出土了西汉马王堆帛书本《老子》和战国郭店竹简本《老子》，但基于以下三个原因，我没有选择这两个出土版本。

一是地下随时可能出土更久远的版本，如果与帛书本或竹简本不一致，反而与通行本一致怎么办？实际上郭店竹简本的出土已经让帛书本《老子》的很多内容又产生了争议。

二是我们如何能准确判断通行本的年代呢？河上公注《老子》最晚成书于东汉，王弼注《老子》成书于魏晋，但这并不代表他们所依据的版本在东汉或魏晋才流行，它完全可能本身就是一个古老的版本，年代可能比郭店竹简还久远，只不过是为了避讳皇帝名字或顺应当时的用字习惯而做了少许更改而已。毕竟无论是东汉还是魏晋，都远比我们距离《老子》创作流传的时间近，古人选择的版本自有其充足的理由。

三是本书对《老子》的思考以及注释是文化研究而不是文本研究，文化研究不是孤立的，而是有其历史延续性的，地下出土的版本虽早，但因为其在历史上没有延续性，所以也不能成为本书的研究对象。

排除新出土的版本，就只剩通行的河上公本与王弼本二选一了。这两个版本原文内容接近，只是注解不同。比较而言，河上公本流传得更早更广，影响也更大一些，从皇帝宫廷到学者书斋，从道教圣典到民间读本，一直都在使用，在思想、政治、社会乃至个人的修身养性上都得到过普遍实践，可以说是道家文化的基石。相比王弼本，其历史延续性和文化实践性更佳，所以本书《老子》原文文字采用河上公本。

传说河上公是战国时期的大隐士，他的再传徒弟是西汉初期的宰相曹参，曹参以老子清净无为的哲学处理政事，效果显著，其政策得到了窦太后和汉文帝、汉景帝的采纳和延续，从而形成了汉初著名的文景之治。一直到汉武帝"罢黜百家,独尊儒术"时,老子之学才从汉朝的政治退出。而河上公所注《老子河上公章句》在东汉就有文献提到过。后来无论是道教修士、帝王将相,还是郊野贤达,均以此为本,学习研究《老子》。到唐初时,老子之学再兴,唐玄宗亲自为《老子》做注,采纳的就是河上公本《老子》的原文。

河上公本《老子》流传至今,其版本颇多,本书《老子》经文录自明朝编修的《正统道藏》中的《道德真经注·河上公章句》,因为《正统道藏》虽是明朝编修,但其中内容大多采用唐宋编修的旧道藏,所以这个版本流传悠久,价值很高。

版本确定,接下来就是如何尽可能地准确而又明白地体会《老子》文本的原意。毕竟今天距老子创作《老子》已有2500多年,这样巨大的时间鸿沟足以使字义发生彻头彻尾的变化。对此,我对经文字意的分析运用了以下四种方法以保证注释的准确性。

首先是从造字的原意来理解字义,参考甲骨文和金文(刻在青铜器上的文字称为金文)的研究成果和《说文解字》等辞书,分析字的古意。

其次是以相近时代的用法优先。汉字字义随时代而有发展变化,考其相近时代典籍用法,如《尚书》《诗经》等,当比个人随意推断要强。

再次是用同书的文字互证。同一字句的含义虽可能有多种解释,但如前后均有,则可共同分析以确定老子用意。

最后,也是最重要的,是以逻辑的一致性作判断。经过仔细的思考与研究,我发现《老子》其实是有一个非常完备且逻辑自洽的哲学体系的,只是由于章节的编排顺序,使它隐而不显。搞懂了这个体系,很多貌似前后矛盾的经文的意义自然也就明白了。所以我在注解前加了"老子哲学概述"这一部分,以便于读者先从宏观上把握老子的哲学体系。

另外,为了让大家能够简明直观地研读老子,本书还附录河上公本《老子》原文。这样,读者先通过注解对《老子》有所了解后,再阅读原文,定会妙悟自得。

# 目录

前言     1

第一部分    老子传     1

第二部分    老子哲学概述     7

第三部分    《老子》注释     27

    第一章     29

    第二章     33

    第三章     36

    第四章     38

    第五章     40

    第六章     42

    第七章     44

    第八章     46

    第九章     48

    第十章     49

| | |
|---|---|
| 第十一章 | 51 |
| 第十二章 | 53 |
| 第十三章 | 55 |
| 第十四章 | 58 |
| 第十五章 | 60 |
| 第十六章 | 62 |
| 第十七章 | 65 |
| 第十八章 | 66 |
| 第十九章 | 68 |
| 第二十章 | 70 |
| 第二十一章 | 73 |
| 第二十二章 | 75 |
| 第二十三章 | 77 |
| 第二十四章 | 79 |
| 第二十五章 | 81 |
| 第二十六章 | 85 |
| 第二十七章 | 87 |
| 第二十八章 | 89 |
| 第二十九章 | 91 |
| 第三十章 | 93 |
| 第三十一章 | 95 |
| 第三十二章 | 97 |
| 第三十三章 | 99 |
| 第三十四章 | 101 |
| 第三十五章 | 103 |
| 第三十六章 | 104 |

| | |
|---|---|
| 第三十七章 | 106 |
| 第三十八章 | 108 |
| 第三十九章 | 111 |
| 第四十章 | 114 |
| 第四十一章 | 116 |
| 第四十二章 | 118 |
| 第四十三章 | 121 |
| 第四十四章 | 122 |
| 第四十五章 | 123 |
| 第四十六章 | 125 |
| 第四十七章 | 126 |
| 第四十八章 | 127 |
| 第四十九章 | 128 |
| 第五十章 | 130 |
| 第五十一章 | 132 |
| 第五十二章 | 134 |
| 第五十三章 | 136 |
| 第五十四章 | 138 |
| 第五十五章 | 140 |
| 第五十六章 | 142 |
| 第五十七章 | 144 |
| 第五十八章 | 146 |
| 第五十九章 | 148 |
| 第六十章 | 150 |
| 第六十一章 | 152 |
| 第六十二章 | 154 |

| | |
|---|---|
| 第六十三章 | 156 |
| 第六十四章 | 158 |
| 第六十五章 | 160 |
| 第六十六章 | 162 |
| 第六十七章 | 164 |
| 第六十八章 | 166 |
| 第六十九章 | 167 |
| 第七十章 | 169 |
| 第七十一章 | 170 |
| 第七十二章 | 171 |
| 第七十三章 | 173 |
| 第七十四章 | 175 |
| 第七十五章 | 177 |
| 第七十六章 | 178 |
| 第七十七章 | 180 |
| 第七十八章 | 182 |
| 第七十九章 | 184 |
| 第八十章 | 185 |
| 第八十一章 | 187 |

附录 《道德真经注·河上公章句》本《老子》原文　　189

# 第一部分 老子传

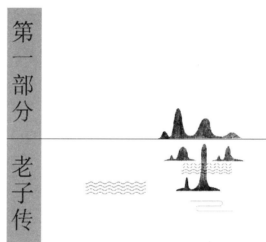

关于老子的传记,最可信的版本是太史公司马迁的《史记·老庄申韩列传》(中华书局1959年第1版)。摘录如下:

老子者,楚苦县厉乡曲仁里人也。姓李氏,名耳,字聃,周守藏室之史也。

孔子适周,将问礼于老子。老子曰:"子所言者,其人与骨皆已朽矣,独其言在耳。且君子得其时则驾,不得其时则蓬累而行。吾闻之,良贾深藏若虚,君子盛德,容貌若愚。去子之骄气与多欲,态色与淫志,是皆无益于子之身。吾所以告子,若是而已。"孔子去,谓弟子曰:"鸟,吾知其能飞;鱼,吾知其能游;兽,吾知其能走。走者可以为罔,游者可以为纶,飞者可以为矰。至于龙,吾不能知其乘风云而上天。吾今日见老子,其犹龙邪!"

老子修道德,其学以自隐无名为务。居周久之,见周之衰,乃遂去。至关,关令尹喜曰:"子将隐矣,强为我著书。"于是老子乃著书上下篇,言道德之意五千余言而去,莫知其所终。

或曰:老莱子亦楚人也,著书十五篇,言道家之用,与孔子同时云。

盖老子百有六十余岁,或言二百余岁,以其修道而养寿也。

自孔子死之后百二十九年,而史记周太史儋见秦献公曰:"始秦与周合,合五百岁而离,离七十岁而霸王者出焉。"或曰儋即老子,或曰非也,世莫知其然否。老子,隐君子也。

老子之子名宗,宗为魏将,封于段干。宗子注,注子宫,宫玄孙假,假仕于汉孝文帝。而假之子解为胶西王卬太傅,因家于齐焉。

世之学老子者则绌儒学,儒学亦绌老子。"道不同不相为谋",岂谓是邪?李耳无为自化,清静自正。

司马迁说,老子是楚国苦县厉乡曲仁里人,此处的楚国指汉朝时期的封国,大概位于今天的江苏安徽一带。据学者考证,苦县在今天的安徽亳州附近。老子姓李,名耳,字聃。聃,意为下垂。古人"幼名冠字",名与字含义要有关联,所以聃字是取双耳下垂之意。老子是周朝藏书室的史官。

当时正是东周的春秋时期,诸侯势大,周室卑微,周天子的号令无人遵从。诸侯之间互相攻伐,战乱不止,一派礼崩乐坏的局面。孔子心怀天下,觉得只有恢复西周的礼制,才能让国家恢复秩序,人民安居乐业。于是就前往周都,即今天的洛阳,想向老子请教关于礼制的学问。因为老子是周室图书馆馆长,能够接触到周朝所有的藏书,显然是那个时代知识最丰富的人之一,向他请教礼制的问题,再合适不过。没想到老子却对他说:"你想要问的这些东西,设计和实践它们的人早就不在了,只留下了空洞的言论。而且君子做事要知时而动。正当其时就策马扬鞭,不得其时就应如聚集的飞蓬随风潜行。我听说,优秀的大商人只在真正有机会交易之时才把自己的货物拿出来,平时都藏得好好的,看起来就好像他什么都没有似的。同样,具有大德行的君子,只有在时机成熟时才显露自己的才能,平时看起来他就像个愚人。现在,实行礼制的时机已经过去。所以对你而言,应该去掉自己身上的骄傲和那些与恢复礼制有关的不切实际的奢望,也不要整天把自己打扮成一副循规蹈矩、决意克己复礼的样子,这些对你都没有任何益处。你问我礼制,我能告诉你的就是这些了。"显然,在老子看来,西周的礼制已是过时的老古董,已经失去了实践它的土壤,只剩下空洞的言论。孔子想用礼制解决当时的问题,是很难的。

孔子离开老子后,对自己的弟子感叹说:"鸟,我知道它能飞。鱼,我知道它能游。兽,我知道它能跑。能跑的可以用网捕捉。能游的可以钓它上钩。能飞的可以用箭射下。但是龙,就不是我所能知道和把握的了。它乘风云而飞于九天之上,远超我所能知。我今天见到的老子,就如同龙一般啊!"

老子修习道德,他的学说以自隐无名为宗旨。他在周都待了很长时间,后来见到东周气数将尽,就离开了。到达一处关隘(传说为今函谷关)时,此处的长官尹喜知道老子学问高深,就说:"既然您将隐世不出,那就请一定为我留下一部著作吧。"于是,老子就著了一部书,这部书分上下篇,内容主要是探讨道德的深意,一共五千多字。老子把书留给尹喜就走了,没有人知道他去了哪里。

关于老子还有一种说法,说他是跟孔子同时的老莱子,也是楚国人,著了十五篇书,讲的也是道家的道理。

传说老子活了一百六十多岁,也有说是二百多岁,这是因为他修道,所以能颐养寿命。

孔子去世后一百二十九年，有史书记载周朝的一位叫做儋的太史，见到秦献公，并对他说："起初秦国与周朝是合在一起的，五百年以后又分开，分开后七十年秦国会有一位霸主出世。"（此处是说这位太史儋神奇地预言了秦王嬴政［后来的秦始皇］即位的时间。秦献公是公元前385—前362年在位，而秦国始于公元前800多年时，当时，一个叫非子的人，为周孝王养马有功，赐姓嬴，封于秦地，即今陕西一带。公元前324年，秦惠文公称王，算是实质上与周朝分裂，距离非子受封，正好是500年左右。公元前247年，秦王政即位，距离秦惠王称王是77年）。有人说这位太史儋就是老子，也有人说不是，没有人知道确切的答案。老子，真是一位隐士啊。

老子的儿子名宗，李宗是魏国的将领，受封于段干这个地方。李宗的儿子叫李注。李注的儿子叫李宫。李宫的玄孙叫李假。李假在汉孝文帝时当过官。李假的儿子李解是汉胶西王刘卬的太傅，所以就把家安在齐国，即今山东一带了。

后世学习老子的人都贬低儒学，学习儒学的人又都贬低老子。所谓"道不同不相为谋"，就是说的这样的事吧。老子学说的宗旨是无为自化，清静自正（《老子》第五十七章：故圣人云：我无为而民自化，我好静而民自正，我无事而民自富，我无欲而民自朴，我无情而民自清）。

第二部分 老子哲学概述

哲学是研究世界本源的学问，称为本体论与世界观。它看似浩大，但实际上却是每个人都曾经思考和研究过的事情。为人父母都会有这样一个经验，孩子刚学会说话时，几乎都会问妈妈一个问题，我是从哪儿来的？这是人类婴儿与动物幼崽最大的区别——人会反思自身的存在。这种反思伴随人的一生，对这个问题的不同回答，就形成了他的世界观。如果是有神论的家庭，家长会告诉他，你是神造的。如果是无神论家庭，家长会告诉他，你是物质元素组成的。但无论是什么答案，都会面临追问。有神论家庭的孩子会问，那神又是谁造的？如果神就是原始，那构成神的又是什么？无神论家庭的孩子会问，如果我们是物质元素组成的，那组成我们的元素是什么？它们又是从哪里来的？追根究底，大家的问题都是一个——那就是宇宙万物包括我们自身到底是如何产生的？对这个问题的回答就是哲学。所以可以说，从人类开始反思自身存在的那一天起，哲学就诞生了。

那么，宇宙万物到底是如何产生的呢？在《老子》第二十五章中，老子说出了他的回答，这个回答也构成了他的哲学的总纲。他说：

有物混成，先天地生。寂兮寥兮。独立而不改。周行而不殆。可以为天下母。吾不知其名，字之曰道，强名之曰大。大曰逝，逝曰远，远曰反。故道大、天大、地大、王亦大。域中有四大，王居其一焉。人法地，地法天，天法道，道法自然。

在老子看来，最初，没有宇宙，也没有生命，只有一个东西混然存在（有物混成，先天地生）。什么是混成呢？在古文中，"混"字的本义是指众水汇聚同流，声势盛大的样子，引申为天地未分，万物未生，但又具有生出一切宇宙万物的可能性的本源状态，与"混沌"同义。"混成"即是指这个东西的存在是本然浩荡的，其中具有无限的可能性，是宇宙万物之源，所以说它是"先天地生"。注意，古文中的"天地"一词指的就是整个宇宙。天是会意字，其甲骨文字形 ，下面是个正面的人形（大），上面是人的头部，小篆才写为一横。天字本义指人的头顶，引申为人头顶上之苍穹，即是无穷无尽之虚空。地字乃是指人脚下之大地，引申指地球和宇宙中的一切物质实体。物质实体和虚空，合起来即是人所见的宇宙。

老子说这个混成之物的存在有四个特点：一是唯一性，除其以外，别无他物（寂兮寥兮）。二是独立性，其存在不需要其他任何条件（独立而不改）。三是循环性，它处于永恒的循环运动中（周行而不殆）。周是环绕之意，周行即循环往复，起点和终点相同的运动即可称之为周行。如"逐之，三周华不注"（《左传·成公二年》，华不注是一座山名）。殆，本义为危险，此处假借为怠，懒惰、懈怠之意。不殆即不停歇。如"受命不殆"（《诗·商颂·

玄鸟》)。四是创生性,一切都由它而生,是一切万有的母亲(可以为天下母)。

在老子的知识中,这样一个兼具唯一、独立、循环、创生四性的物体,以前没有人介绍过,所以老子也不知道它的名字是什么(吾不知其名)。而且,老子认为也无法给它命名。但为了交流方便,老子还是给它起了个字,称它作"道",又勉强起了个名,叫做"大"(字之曰道,强名之曰大)。

那么,老子为什么要用"道"和"大"字来称呼这本源混成之物呢?我们先来看看道字的本义是什么。道,金文写作𧗟,中间是一个首字,外面是一个行字。首字是人的头部,汇聚了眼耳鼻舌身意所有的认知器官,所以道的本义是人由自身的认知带领前行之意,在具体事务上可以指人通过眼睛观察选择要走的道路,如"周道如砥,其直如矢"(《诗·小雅·大东》),在抽象意义上可以指人通过感官认知而发现的规律,如"立天之道,曰阴与阳。立地之道,曰柔与刚。立人之道,曰仁与义"(《易·系辞》)。人在认知后还要表达认知的结果,因此道还有语言表达的含义。如《孝经》"非先王之法言不敢道",《大学》"如切如磋者,道学也"。所以,老子用道来指代万物的本源,可能有以下两个原因:一是因为这本源是万物之首,确定了万物的演化是一场回归本源的周行之路;二是因为万物均受本源的制约,所以本源的存在本身就具有规律性。这两层含义与道的造字含义最近似。但应注意的是,本源"有物混成"的实体含义是道的本义中所没有的,这是老子赋予道这个字的新意,也是老子之道与别的文献中提到的道字的根本区别所在。正是为了强调这一点,老子说"道可道,非常道"(《老子》第一章)。

分析了"道"字后,我们再来看"大"字。大,甲骨文和金文写作🏃,为一个四肢张开站立以示强壮的人,族群中强而有力的人称为大,表示首领。我们知道,与我们今天将姓名统称为名字不同,古人名和字是分开的,不仅有"名",而且有"字"。上古时期婴儿出生三个月后由父亲命"名",二十岁举行冠礼,由亲朋好友取"字"(《礼记·檀弓》:"幼名,冠字。")。名和字一般也是相关联的,根据"名"来取"字"。如老子姓李,名耳,字聃,聃是双耳下垂之意。所以用"大"来为本源命名,与"道"字一样,也是取其是万物之首的意义。

但与我们普通认知的首领不同,在老子这里,"大"字还有更深一层含义。一般意义上,首领是下属的主宰,要主动发号施令。但道这个"首领"却不一样,它虽为万物之首,是万物的本源,但却没有主宰万物之意,从来不对万物发号施令。老子专门在第三十四章谈到这一点。

> 大道泛兮,其可左右。万物恃之而生而不辞,功成而不名有,爱养万物而不为主。常无欲,可名于小矣。万物归焉而不为主,可名于大矣。是以圣人终不为大,故能成其大。

老子说,大道存在于一切事物中,不分尊卑贵贱(大道泛兮,其可左右:古人以左为尊,以右为卑。大道可左可右,即是不分尊卑贵贱之意)。万物都由道而生成,道也从不推辞自己创生万物的责任(万物恃之而生而不辞)。注意,老子所说的万物是包含人在内的所有生命万物,《说文》中说"物,万物也。牛为大物,天地之数,起于牵牛,故从牛,勿声。"所以,一开始"物"就是由生命而来的字,万物即指宇宙中的一切。但道却从不干涉万物,而是给予万物演化的自由,让它们不断成长,最终达到和它们的创造者一样的高度!但即使成就如此之伟业,道却从不认为自己做了什么(功成而不名有)。所以,道对万物完全是一种无私之爱,慈爱地养育万物而不求任何回报,也不把自己置于万物之上(爱养万物而不为主)。道对万物无欲无求,只是默默奉献与支持,因此常常被万物所忽略,道的这种特质就可称之为小(常无欲,可名于小矣)。万物由道而生,又最终归附于它,但它却从不认为自己是万物的主人,向万物发号施令,这种特质就可称之为大(万物归焉而不为主,可名于大矣)。在第五十一章中,老子强调:"生而不有,为而不恃,长而不宰,是谓玄德。"所以在老子这里,"大"指称的是道深不可测之德,形容道的德行之大,创生万物但不主宰干涉万物,只是默默地为万物的演化提供支持。无私而又博爱,即是"大"之深意。老子在第四十章,把道的这种品质概括为"弱者道之用"。道生而不有,为而不恃,长而不宰,退而不争,仿佛很弱小,但实际上,这才是真正的伟大(是以圣人终不为大,故能成其大)。

道的这种无私而又博爱的特点也直接决定了道与万物的关系。道生成但不主宰万物,那么万物当然就自行演化下去(大曰逝)。逝本义是去、往的意思。"逝,往也。"(《说文》)"逝者如斯夫。"(《论语》)万物自行演化,与自己的母亲——道之间的差异就越来越大了(逝曰远)。但因为道是周行,即循环往复之意。周行的特点是起点与终点相同。如一个有线拉着的弹力球,强力弹出后,到了极点,就又弹了回来。又如一艘绕着地球行驶的帆船,离开起点越远,从另一个方向看,离起点就越近,直至最终返回起点。因此,万物演化的时间与路途越遥远,实际上离其出发的原点——本源就越近,所以万物的演化实际上是一场返回本源之旅(远曰反。反同返,即返回之意。三年而反。——《墨子·鲁问》),此即"周行而不殆"之意。但此返回是带着无数时间和无数空间的经验返回的,相对于出发时的懵懂,万物完成了对自身本质的实践认识,从而完美地与道合一。老子在第四十章把道的这种周行运动方式概括为"反者道之动"。

所以,老子用"道"字和"大"字来描述万物的本源,是有其深意的。他用"道"字来表示万物本源的相对于万物的本质性和规律性,用"大"字来表示万物本源与万物的关系。"道"是本源之体,"大"是本源之"德",也即本源之用。

从上面的论述可以看出,正是因为道的这种无私之爱,才有了千差万别的宇宙万物,才有了个个不同的智慧生命,这一切因道而存在,但道却不去干涉它们的演化,只是默默地提供所有的支持,赋予它们完全的行动自由,而不希求任何的回报。所以说道的这种无私之爱的德行是多么伟大啊!老子因此发出感叹:道大(故道大)!相应的,宇宙承载无数星系,而任各星系自然演化不为主,故也为大(天大)。星球承载人类等智慧生命及其他生命万物,而任其自然演化不为主,故也为大(地大)。人类等智慧生命中那些悟道的圣王,默默为万民服务,一视同仁地为人民提供帮助,而任其自然演化不为主,故也为大(王亦大。第十六章有"知常容,容乃公,公乃王,王乃天,天乃道,道乃久,没身不殆",故王是悟道的大公无私之人)。道、天、地、王,乃是整个宇宙中从高到低的四级,虽然层次不同,但德性相同(域中有四大,王居其一焉)。人中之王效法所处星球无私博爱之德(人法地)、星球效法所处虚空无私博爱之德(地法天)、虚空效法所处之道无私博爱之德(天法道),而道"爱养万物而不为主"(第三十四章),本来就是无私博爱的,所以道就是它本来的样子(道法自然)。注意,"道法自然"的"自然"不是指自然界,而是"自己这样"的意思。自即自己,然即如此、这样。道法自然的意思即道遵循自己本身的法则。

如此,分析了《老子》第二十五章和第三十四章的内容后,我们知道了在老子看来,道是万物的本源,它处在不断地循环往复的运动中,生成一切万物,但却不干涉万物的演化,万物由此千差万别。但万物虽然各不相同,本质上却都是道,而道自身性质是不变的。如同我们用木头来造物,可以做成一个木碗、一架推车、一座小屋,乃至研碎了做成一张纸。虽然形式和用途大不一样,但是组成它们的材料是一样的,都是木头。道也是如此,它是组成万物的材料。"道常无名,朴。虽小,天下不敢臣。"(第三十二章)朴,就是没有细加工的木头材料的意思。而道与木质材料的区别就是,在外力的作用下,木是可再细分的,分为原子,原子又可分为原子核与电子,原子核又可分为质子与中子,质子与中子又可分为夸克……而道是不可再分的,它就是它,它就是一切的本质,万物遵循它的法则,而它的法则就是它本身,即"独立而不改,周行而不殆"的存在形式。

那么道到底是怎样的一种物呢?应该如何去认识呢?我们来看《老子》第十四章。

> 视之不见名曰夷,听之不闻名曰希,搏之不得名曰微。此三者不可致诘,故混而为一。其上不曒,其下不昧,绳绳兮,不可名,复归于无物。是谓无状之状,无物之象。是谓忽恍,迎之不见其首,随之不见其后。执古之道,以御今之

有，以知古始，是谓道纪。

我们知道，人对外界的直接认识是通过眼耳鼻舌身五种感官接受外界的刺激来进行的，而鼻和舌作为嗅觉、味觉的器官，可以和身一起归于触觉器官，这样感觉实际上可简化为视觉、听觉和触觉三种。这三种感官在接触外界后，受到刺激，并把这种刺激通过神经网络传给大脑，大脑对之进行处理，形成对外界的种种认识。老子这里说万物本源"视之不见""听之不闻""搏之不得"，也就是说此物完全是在感官之外的，不能通过直接的刺激去认识它（视之不见名曰夷，听之不闻名曰希，搏之不得名曰微。搏：捕捉。搏谍贼——《周礼·夏官·环人》）。因为看不见，听不见，摸不着，所以导致对这个存在不能再追问下去（此三者不可致诘。诘：追问）。不同的感官均无法感知它，所以相对不同感官来说，就把它当成一个统一的存在来对待（混而为一）。这个存在没有明暗之分（其上不皦，其下不昧。皦，明亮；昧，暗淡）。视之不见，自然没有明暗。这个存在也没有始终之分（绳绳兮。延续不断之意），完全没有办法为它命名（不可名）。

这里，老子强调的是万物的本源虽然是一种实体、一种物，但同人们普遍认为的实体如太阳、地球、桌、椅等物并不相同。万物是在人之外的，可以通过人的感官来认知，而道不是在人之外的，不能通过人的感官来认识。它"视之不见""听之不闻""搏之不得"，不是视觉、听觉和触觉可以认知的对象。因为不但感官所见的外物，就连感官本身也是它创造的。而且人的感官只能通过自身特定的构造来认识世界，因此是有局限的，所以由感官而来的认识显然不可能是创造者本身。

我们知道，人之所以能为万物命名，就是因为人有相同的感官来认识外物,并可以互相交流随之而来的感官经验,以取得对某项事物的共识,最终为此共识命名。而万物本源既然非感官所能认识,自然就不是人可以命名的对象,所以说不可名。为了交流方便,老子只能借用现有的"道"字和"大"字来勉强描述它,但老子又担心这样做会让我们误以为本源是可说可名的感官认识对象,所以才在《老子》开篇就强调:"道可道,非常道。名可名,非常名。"即所有可以由感官认识来总结述说的事物的规律,都不是那永恒之道。所有可以由感官认识来命名的事物的名字,都不是那永恒之物的名。

所以,虽然我们用道和大这两个概念来称呼本源,但一定要随时牢记,这只是为了交流方便而勉强为之,本源实际上并不可名,它是无名的,其中并没有任何可以命名的事物存在(复归于无物)。注意,此处的无物,指没有可以感知的事物,非指什么都不存在(如第二十五章所说"有物混成,先天地生")。它的形状就是没有形状(是谓无状之状),它的表象就是没有任何事物时的样子(无物之象),无状之状,无物之象,完全不可想象,只能是一种模糊的理解(是谓忽恍。忽恍,模糊之意)。它是没有始终前后的(迎之不见其首,随之不见其后)。

实际上,这就是第二十五章中"有物混成,先天地生"所说的混沌的状态。在天地未生、万物未存之前,本源就是如此无形无相,无物无名,然而又具有无限可能性的存在。正是由此本源,生出了天地宇宙万物。所以万物从本质上来说是同一的。而我们所要做的,就是要始终用道的这种无形无相的同一性,来把握现实感官世界中千差万别的万物,以时刻提醒自己万物本来为一,而不被感官所呈现的万物差异性所迷,这就是遵循了道的总纲(执古之道,以御今之有,以知古始,是为道纪。纪,纲领、纲纪。纲纪四方——《诗·大雅·棫朴》)。

万物的本源既然如此神秘,不可感又不可名,老子又是如何知道它的呢？他在第十六章揭示了这个秘密。

> 致虚极,守静笃。万物并作,吾以是观其复。夫物芸芸,各复归其根。归根曰静,静曰复命,复命曰常,知常曰明。不知常,妄作,凶。知常容,容乃公,公乃王,王乃天,天乃道,道乃久,没身不殆。

老子说,要了解万物的本源,首先必须要到达空的极点(致虚极。虚,空的意思)。什么是空的极点？若有一物存之则不能说为空,我们可以想象一个没有任何物体的空间,但这个空间本身也是一物,所以也不是空。若有一念存之也不能说为空,我们可以想象没有任何事物或形象的状态,但如我们把这种状态定义为空,这种空的概念定义本身就已经是有了,所以也不能说是彻底的空。因此空之极是停止一切感官活动后的状态。眼不活动,因此没有见与不见;耳不活动,因此没有听与不听;鼻不活动,因此没有吸与呼;舌不活动,因此没有说与不说;身不活动,因此没有触与离;意识不活动,因此没有念头的生与灭。

老子说,在达到一切物理和思维活动都停止的虚极的状态后,就要专注地安守在此空极清静的状态中(守静笃。笃,专注)。然后就可以观察到万物的创生与运动(万物并作,吾以是观其复。作,兴起。《易·乾卦》:"圣人作而万物睹"。观,金文写作𦈅,是一只夜晚瞪着眼睛的猫头鹰的象形。战国时才写作𮗚。猫头鹰的特点是在夜晚捕食,视力绝佳,能穿透黑暗,所以观字的本义是仔细地看。《说文》："观,谛视也。"引申为深入地思考,正所谓透过现象看本质之意。《书·益稷》有"予欲观古人之象"。复,即是返,就是万物的运动,第二十五章已经说过,远曰反,万物的运动都是一种周而复始的返回本源的运动)。

那么,前面说过致虚极,守静笃,为的是停止一切感官和思维活动,可既然感官与思维活动都停止了,为什么还能看到万物的创生与运动呢？这是因为,此时不是感官之看,而是本源之观。我们平时的观察,总是处于感官对外界刺激的各种反应中,因此是被动的。当我们把一切刺激都清除,感官因为没有了刺激也就停止了运行,此时我们就回归到了无物无相的本源状态,与那创生我们的本源合一。此时,我们就能够"观见"本源创生万物的过程(夫物芸芸。芸芸,草木繁盛的样子)。那么,这个过程是怎样的呢？我们来看第四十二章。

> 道生一,一生二,二生三,三生万物。万物负阴而抱阳,冲气以为和。人之所恶,唯孤、寡、不毂,而王公以为称。故物或损之而益,或益之而损。人之所教,我亦教之。强梁者不得其死。吾将以为教父。

老子说,万物的本源是无形无相的,它是万物共同的本质(道生一),它无时无刻不在创生万物的运动中。因为是从无形无相的本源生成有形有相的万物,所以是无中生有。既是无中生有,有不能不同于无,否则道本身就改变了。而第二十五章已说,道是独立而不改的。所以,有必与无同,故有必是对立之两面,称为阴阳(一生二)。阴阳相加还为无,如 $-1+1=0$,所以宇宙中可感事物都是相对的,有正电子就有负电子,有实粒子就有虚粒子。有名万物总体上是无名之道，这是宏观的对称性。但在具体的事物中，阴阳两种性质并不总是对称的，否则万物就无法存在了。在具体情况下，个体事物的阴阳总是这个阳性多一些，那个阴性多一些，这就是宏观对称性下微观的不对称性。阴阳相互吸引，因此可以互相作用，通过不断地能量交换形成一个阴阳不平衡的新产物。于是现在就有阴、有阳、有阴阳和合（二生三）。而事物的性质是在不断变化中的，阴阳不断地相互作用，相互消减、相互叠加，无穷无尽的事物就得以在这种作用中产生，如男女结合又能孕育出新的生命。依此而行，生生不息，万物就从此而生（三生万物）。

所以，阴阳不平衡才有万物，万物都具有阴阳两面的性质（万物负阴而抱阳。负，背负），它们之间通过不断地能量交换，阴阳得以互相作用，保持一个阴阳动态平衡的状态（冲气以为和。冲，水不断涌出之意；气，能量之意，古人认为空间中充满了气，是生命万物之能量；和，协调之意）。也就是说在每一刹那万物都是呈现出阳多阴少或阴多阳少之态势的。但是，"反者道之动"，不平衡总要往平衡上走，有必要归于无；为此，万物为了维护自己的存在，就要"冲气以为和"，即与外界进行能量交换，不断地吸收能量或释放能量以抵御这种"反动"。例如人体之新陈代谢，总要不断地吸收能量，以补充消耗的能量，才能维持生长，所以称之为"冲气以为和"。这个过程从物本身来讲是不平衡的，但是从物与环境来讲，又是平衡的，如，人类之所以能存在，完全是因为从食物中吸收了太阳的能量，而太阳因为释放能量而不断地在衰减。从人类和太阳各自来看，都处于阴阳不平衡的状态，但是从人类与太阳构成的系统看，这个系统又是平衡的。万物这种自身的阴阳不平衡和各自之间的阴阳动态平衡关系就是事物之所以存在的原因,事物都是相互依存的,是在对立统一中存在的。但是,万物的这种阴阳动态平衡由于需要不断地能量交换,所以是不稳定的。当某种内部或外部的因素使这个平衡不能维持时,事物就会破坏,或毁灭分解,在一个低层次上取得阴阳平衡;或重新组合成新的事物,在一个高层次上取得新的阴阳平衡。比如如果人类对地球的索取过多,导致地球能量损耗严重,自身内阴阳环境发生变化,而不能为人类提供足够能量时,人类就将面临毁灭。而如果人类通过科技进步,能够登陆并利用火星时,就会把火星也拉进自己的平衡系统,从而在更高的水平上建立一个新的平衡。所以,事物发展到极致就会发生变化,这是客观的规律。如果发展的方向不是进化而是毁灭,那么事物就应该避免走向极致,来维持自己的存在。正是因为这个原因,虽然王公以地位而言尊贵至极,但自称却极卑微(人之所恶,唯孤、寡、不彀,而王公以为称)。

所以,对万物来说,有时候破坏它反而是帮助它。帮助它反而是破坏它(故物或损之而益,或益之而损),一切都是阴阳动态平衡的道理在起作用。

老子说,阴阳动态平衡的道理,人们都这样说,我也这样说。但人们这样说只是对他们看到的现象的总结,而我这么说是因为观照到现象背后的原因(人之所教,我亦教之)。像那些横行霸道的人必将暴亡,就是因为不了解阴阳平衡的道理,为了维持自己的存在和无止境的欲望而去互相掠夺与互相伤害,无所不用其极,导致他自身内部或与外界的阴阳动态平衡发展到了极致而无法维持,最后只能暴亡(强梁者不得其死)。

阴阳平衡的道理如此深刻,以至于老子将这句话作为施教的宗旨(吾将以为教父)。

确实，万物从何而生，因何而长？这是一个到现在也没有定论的问题，老子在深观中，得出了自己的结论。为了帮助理解老子的观点，我们可以人类现在的知识做一个简单的比附。科学已经发现，所有的物质都是以波粒二象性的形式存在的。粒即粒子，也就是我们感官认识中可以觉察（这种觉察可以是借助仪器的观察）到的具有形状或某些可以把握的特质的存在。波即物质波，波弥漫于一切处，看不见摸不着，并不能觉察到，只是在观测者对物质做一个观察时，它才塌陷形成粒子。从粒子的位置和状态，我们可以推测在观测者对它进行观测之前，它是以波的形式存在的，所以观测者观测的行为本身，造成了可以观测的结果。但是由于我们人类本身也是由物质粒子构成的，因此这种观测不可能是由人类的感官作出，相反是观测产生了感官。所以，可以说在观测之前，没有人也没有世界，只有能观之体存在。这是第一层认识，可以对应"有物混成，先天地生"的混沌状态。第二层认识，当观测行为发生时，科学家发现粒子都是无中生有的。实际上虚空中充满了波动的能量，这就是道生一。能量不断地转化成粒子，而在对这些可观测粒子的分析中，可以发现所有的粒子都存在与自己对称的另一种粒子，电子、反电子，中子、反中子，夸克、反夸克，等等，这就是一生二。进一步研究，科学家发现虽然宇宙总的能量是守恒的，但是宇宙局部是不对称的。在局部，某种性质的粒子会比对立性质的粒子多一些，这让事物的存在成为可能。于是，粒子之间通过互相的撞击和能量交换来产生新的物质，这就是二生三。以此类推，则万物均是如此不断生成的，这就是三生万物。

当然，上面的例子只是一种比附。关于观测者的问题，上面引用的只是以玻尔为首的哥本哈根学派对量子力学的解释，此外还有平行宇宙等各种解释。我举这个例子只是为了帮助读者理解老子所说的万物创生过程,并不是说科学已有定论。

"道生一,一生二,二生三,三生万物。万物负阴而抱阳,冲气以为和",这整个过程说的是"夫物芸芸",描述的是万物的生长。老子在深观中还发现了更深一层次的真理。他看到,所有的万物,它的运动都是有目的性的,都是为了返回本源。所以他说"各复归其根"。为什么万物要返回本源呢?因为如果不回归本源,万物就得不到真正永恒的幸福。这种回归不是表象上的回归,不是有形的万物又变回无形的道,万物和道本就是一致的,只是同一本体不同的表现形式。这种回归是行动上的回归,是万物将自己的行动调整到与道一致。这种一致,有的已经达到一个比较高的程度,有的却还在摸索当中。程度高的如太阳与地球。太阳无时无刻地把能量提供给四方,而不奢求一点回报,也不区分善恶美丑、尊卑贵贱,它是完全的无私平等与博爱。与太阳一样,地球同样无时无刻地为人类等生灵提供生存所需,不奢求任何回报,不区分善恶美丑、尊卑贵贱,只是无私博爱地默默奉献。还在摸索中的如人类,人类在产生后,一心维持自己表象的存在——人,而遗忘了自己真正永恒的本质——道。又因为这种遗忘,人就只看到了自身存在的暂时性。又因为这种暂时性而恐惧,因为恐惧又放大了自身的各种欲望,最终陷入对各种资源的抢夺,相互斗争而无法自拔,无尽的痛苦和灾难也由此而来。但也正是由于这些痛苦和灾难,让人类中的一部分人反省,为什么人生会如此痛苦?为什么社会会如此残酷不公?进而发现所有这一切都是因为不合道的缘故。因为道是永恒,它的行为是无私而博爱的。如果人自私偏爱,行动就与道相反了。人由道生成,要受道的法则制约,行动与道相反,自然就充满冲突与痛苦,更不可能获得幸福了。就像老子所说:"天之道损有余而补不足,人之道则不然,损不足以奉有余。"(第七十七章)所以,人要想获得永恒的幸福,必须彻底地回归本体,在行动上与道同一。要想做到这一点,首先就要体悟道是什么,需要致虚极守静笃,止息所有的感官活动,正是因为感官的活动和欲望,使人片刻不得安宁(归根曰静)。感官活动止息后,就能够与道合一。与道合一,就能够感悟道与万物之间的真正关系,回归自己真正的使命(静曰复命)。这个使命就是逐步地提升自己,最后在实践上达到道的水平,与道同一,从而也与万物同一。认识到自己真正的使命后,就可以说是真正了解自身与万物同一的永恒的本质了(复命曰常。常,恒久、不变。天命靡常——《诗·大雅·文王》)。知道自身的永恒性,就可以说是智慧明白的人了(知常曰明)。普通人就是因为不能够认识到自己身上的永恒性,为了自身的利益和欲望胡乱作为,而与道相违,自然就不会有好结果(不知常,妄作,凶)。所以,当我们了知到生命万物原本一体,永恒不灭后,就会放下斤斤计较的得失之心,而无比宽容(知常容)。又因为对一切人事的宽容之心,自然就能做到不偏不倚、公正无私(容乃公)。做到无私就可以说达到王的境界(公乃王)。达到王的境界就可以说与宇宙相应了(王乃天),因为宇宙就是这样无私地对待其中的万物的(天大——第二十五章)。而与宇宙相应就可以说是与道同一了(天乃道),因为道就是这样无私地对待自己创生的一切的(道大——第二十五章)。而与道同一,就可以永恒不灭,因为道"独立而不改,周行而不殆"(第二十五章),是永恒存在的(道乃久)。如此,即使身体消亡,又有什么可怕和危险可言呢(没身不殆。没:淹没,引申为消失。殆:危险)?

从以上的讨论可以看出，老子是通过对感官经验的不断否定而"得道"的。致虚极守静笃，乃是空之极，在这里甚至连"空"这个概念都没有。然而，正是在这样一种物我两忘的状态中，老子深观到万物具有相同的本质——道。道生成万物，但并不干涉万物，它给予万物所有演化的自由，不区分善恶美丑、尊卑贵贱，一视同仁地为它们提供行动所需的能量。但是，因为道是周行，所以万物虽然可以自由演化，但它演化的最终目的却都是回归于道，这是道的自然属性所决定的。万物无法改变这一点。所以，如果万物忘记了自己永恒的本质——道，而只以阴阳平衡动态存在的这个形式为"我"，为了这个"我"而不断地与外界争斗，那么在演化中就会遭遇痛苦与不幸，因为这种行为是与它的本质相抵触的。但也正是由于有这些痛苦，生命万物在消除痛苦追寻幸福的过程中，会渐渐回忆起自身拥有的永恒不灭的本质——道，进而体会到道无私博爱的特质，并实践之，成为人中之圣王，乃能完成最终的演化，与道合一，永恒不灭。而那些暂时还不能理解自身中存在永恒之道的生命，就只会执着于自己表象上的生命和私欲，种种胡乱作为，造成种种痛苦的结果，继续沉沦于无边的苦海中，直到有一天猛然清醒，重又踏上那觉悟永恒的回归之路。

以上，就是老子在《老子》五千言中所要告诉我们的要义。

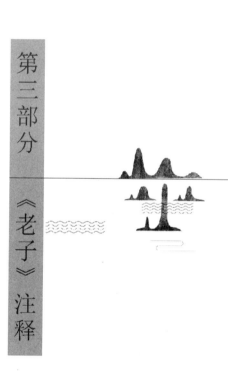

# 第三部分 《老子》注释

# 第一章

道可道,非常道。名可名,非常名。无名,天地之始。有名,万物之母。故常无,欲以观其妙。常有,欲以观其徼。此两者,同出而异名,同谓之玄。玄之又玄,众妙之门。

**注释:**

1. 道可道,非常道:道,金文写作𧗟,中间是一个首字,外面是一个行字。首字是人的头部,汇聚了眼耳鼻舌身意所有的认知器官,所以道是人由自身的认知带领前行之意,在具体事务上可以指人通过眼睛观察选择要走的道路,如《诗·小雅·大东》"周道如砥,其直如矢"。在抽象意义上可以指人通过感官认知而发现的规律,如《易·系辞》"立天之道,曰阴与阳。立地之道,曰柔与刚。立人之道,曰仁与义"。人在认知后还要表达认知的结果,所以道还有语言表达的含义,如《孝经》"非先王之法言不敢道"、《大学》"如切如磋者,道学也"。在"道可道"这句话中,第一个道字是名词,指规律。第二个道字是动词,指表达。"道可道"即可以用感官认知来发现的规律。"非常道",常是永恒的意思(日月以为常——《国语·越语》)。常道即永恒不变之道。"道可道,非常道"意即凡是通过感官认知发现的规律,都不是永恒之道。那么,永恒之道是什么?老子在第二十五章给出了答案。他说:"有物混成,先天地生。寂兮寥兮,独立而不改,周行而不殆,可以为天下母。吾不知其名,字之曰道,强名之曰大。"因此,在老子这里,道字有其特殊的含义,它被老子借用来指万物"独立而不改,周行而不殆"的永恒不变的本源,道不是指原义中人所走的道路,或抽象的规律,乃至述说与讨论,而是一种永恒存在的实体,是万物的本源。老子选择用道字来指代万物的本源,可能是因为这本源是万物之首,指引着万物前行之路,这一点与道字的造字含义最近似。但应注意的是,本源的实体含义是道字的本义中所没有的,这是老子赋予道这个字的新义。为了避免人们忘记这一点,老子开篇便强调:"道可道,非常道。"道不是你所说的规律,而是那个能说出规律的你!

2. 名可名,非常名:名字从金文𠮛到楷书,字形都是从口、从夕。口是嘴巴,指发声的器官;夕是黄昏。"名"表示天黑时看不清对方,打招呼时乃自报称呼,引申为万物的称呼。但万物的称呼从何而来呢?是由人来确定的,这就叫命名。所以名做动词就是命名之义。"名可名,非常名"这句中第一个和第三个"名"是名词,指某物的称呼,第二个"名"是动词,指由认知功能而来的命名。这句话的含义是:凡是可以通过感官认知得来的名字,都不是永恒之道的名。为什么?因为万物的本源不可命名。如第十四章所说:"视之不见名曰夷,听之不闻名曰希,搏之不得名曰微。此三者不可致诘,故混而为一。其上不皦,其下不昧,绳绳兮,不可名。"万物的本源视之不见,听之不闻,搏之不得,不是感官可以认识的对象,自然就无法为它命名了。

3. 无名,天地之始:万物本源还未创生天地万物的时候,此时只有道存在(有物混成,先天地生——第二十五章),而道不可名,所以是无名。无名,描述的是道还未创生天地万物时的本源状态。

4. 有名,万物之母:万物,指一切可感的存在,包括所有生命和物质,当然也包括人。此处注意不要将物与人分开。《说文》曰:"物,万物也。牛为大物,天地之数,起于牵牛,故从牛,勿声。"所以,一开始"物"就是由生命而来的字。无名的、不可感之道却有生成可感的生命万物这一能力,所以道又可被称作万物之母(可以为天下母——第二十五章),而万物有名。所以,有名,描述的是道创生生命万物的能力,其创生过程如第四十二章所述:"道生一,一生二,二生三,三生万物。万物负阴而抱阳,冲气以为和。"道是生命万物共同的本源,所以是一。其本混沌,无能感与所感,所以是无名。然此无名之道又可创生具有感官认识能力的生命万物,生命万物互相认识分别,各各有名。所以说,"有名,万物之母"。而此有名万物因是从无名之道而来,所以必是阴阳对立之两面,二者相对,同归于无。否则道便发生变化了,而道是"独立而不改"(第二十五章)的,这就是一生二。阴阳相互作用,不断交换能量,即可创生新物,这就是二生三。以此类推,在阴阳的相互作用下,生命万物无穷无尽,即是三生万物。万物均由阴阳的相互作用而生,依靠不断地能量交换来维持自己的生长与存在,所以说是"负阴而抱阳,冲气以为和"。

5. 故常无,欲以观其妙:无,即无名。妙,指神秘莫测之用。

妙,篆书作🔣,左边本是玄字,🔣,是子女世代相传、繁衍不息之意,人从何而来,又如何能生育子女,使族群繁衍壮大,是极其深奥莫测的问题,所以玄的意思是深奥神秘,想不清看不透,因此又引申为黑色。后来妙字左边的玄字用女字代替,因女人能生殖,也是繁衍不息之意。妙字右边是少字,指从很少的人就能繁衍出很多的人,这是非常神秘莫测的一件事,是神奇的事。无名之道,竟然能生出有名万物,所以是非常神秘莫测的。因此,要恒常地从无名这一面来观察道的存在状态,以体悟其神妙。

6. 常有,欲以观其徼:有,即有名。徼(jiào),甲骨文🔣,字里有路口,有太阳,指巡行在有光照亮的路上。此处指道的运行。要恒常从道创生有名万物的作用过程来观察道的运行。

7. 此两者,同出而异名,同谓之玄:此两者,指妙与徼。同出而异名,都是出于对道的描述,但名字不同。妙形容道无名不可感之体,徼形容道创演万物之用。同谓之玄:玄,黑色;指深邃而不可见。道的存在和作用都是极其深邃难以了知的,都可以称作是玄。

8. 玄之又玄:道无名而不可感之体是一重玄,道有名创生万物之用是又一重玄,所以是玄之又玄。

9. 众妙之门:妙,神妙之境。同时把握住道无名之体与有名之用这两重玄,就是入道之门。

# 第二章

天下皆知美之为美,斯恶已;皆知善之为善,斯不善已。故有无相生,难易之相成,长短之相形,高下之相倾,音声之相和,前后相随。是以圣人处无为之事,行不言之教。万物作焉而不辞。生而不有,为而不恃,功成弗居。夫惟不居,是以不去。

注释:

1. 天下皆知美之为美,斯恶已:恶,丑陋(今子美而我恶——《韩非子·说林上》)。斯,此、这。"斯,此也。"(《尔雅·释诂》)天下都知道什么是美,这是因为有丑的缘故。没有丑,美的概念无处安放。所以美和丑是一对不可分割的共生概念,它们的对立本身就是它们得以存在的原因,这就是在对立中的统一。

2. 天下皆知善之为善,斯不善已:天下都知道什么是善,这是因为有不善的缘故。没有不善,善的概念也无法成立。善和恶是一对不可分割的共生概念，它们的对立本身就是它们得以存在的原因，这就是在对立中的统一。所以善人不要仇恨恶人，你之所以知道什么是善，是因为有恶人存在的缘故，让恶人改过迁善是你的责任。恶人也不要妒忌善人，没有善人，你也不知道自己的邪恶，从而永无改过自新的机会。如第二十七章所说："故善人者，不善人之师；不善人者，善人之资。不贵其师，不爱其资，虽知大迷，是谓要妙。"

3. 有无相生：有名和无名这两个概念是相对设立的，没有有名的概念，无名的概念就不成立。同样，没有无名的概念，有名的说法也就不成立。有名和无名是一对不可分割的共生的概念，它们本身的对立正是它们得以存在的原因。这就是在对立中的统一。

4. 难易之相成：没有难也就无所谓易，没有易也就无所谓难，难和易是一对不可分割的共生的概念，它们本身的对立正是它们得以存在的原因，这就是在对立中的统一。

5. 长短之相形：没有长也就无所谓短，没有短也就无所谓长，长和短是一对不可分割的共生的概念。它们本身的对立正是它们得以存在的原因，这就是在对立中的统一。

6. 高下之相倾：没有高也就无所谓下，没有下也就无所谓高，高和下是不可分割的共生的概念。它们本身的对立正是它们得以存在的原因，这就是在对立中的统一。

7. 音声之相和：声，声音。音，有节奏的声音。《说文》指出二者的关系是："宫、商、角、徵、羽，声；丝、竹、金、石、匏、土、革、木，音也。"由各种乐器表现出的声即为音。此句强调音和声的互相和谐的关系。没有音也就无所谓声，没有声也就无所谓音，音和声是不可分割的共生的概念。它们本身的对立正是它们得以存在的原因，这就是在对立中的统一。

8. 前后相随：没有前也就无所谓后，没有后也就无所谓前，前和后是不可分割的共生的概念。它们本身的对立正是它们得以存在的原因，这就是在对立中的统一。

9. 是以圣人处无为之事，行不言之教：圣人，即体悟大道、依道而行的人（第七十七章：天之道损有余而补不足，人之道则不然，损不足以奉有余。能以有余奉天下，唯有道者。是以圣人为而不恃，功成而不处，其不欲见贤）。所以，圣人即是有道者，是人中真正的王（第二十五章：故道大、天大、地大、王亦大。域中有四大，王居其一焉。人法地，地法天，天法道，道法自然）无为：无私之为。如第四十八章所说："为学日益，为道日损。损之又损，以至于无为，无为而无不为。"为道日损，损的是私欲，私欲灭尽，则无一件事需要为己而为，所以是无为；又无一件事不是全然为公，所以是无不为。"圣人处无为之事"，就是说圣人所做之事均是无私的。"行不言之教"，即圣人只做不说，默默地为人们提供支持与服务，用行动来教化万民。圣人了知万物皆是在对立统一中存在的，所以不分别谁美谁丑、谁善谁恶、谁有谁无、谁难谁易、谁长谁短、谁高谁下、谁音谁声、谁前谁后，一视同仁地为生命万物的演化提供无私支持。

10. 万物作焉而不辞。生而不有，为而不恃，功成弗居：恃，依赖、仗着，如有恃无恐、恃才傲物。圣人帮助生命万物演化而从不推辞这个责任，创造而不占有，养育而不自恃，有所成就也不居功自傲。圣人为什么这么做呢？因为道就是这样做的。（第三十四章：大道泛兮，其可左右。万物恃之而生而不辞，功成而不名有，爱养万物而不为主）

11. 夫惟不居，是以不去：正是因为圣人不居功，所以才能不离道，因为道是无私而博爱的。

# 第三章

不尚贤,使民不争;不贵难得之货,使民不为盗;不见可欲,使心不乱。是以圣人之治,虚其心,实其腹,弱其志,强其骨。常使民无知无欲,使夫知者不敢为也。为无为,则无不治。

**注释:**

1. 不尚贤,使民不争:尚,崇尚、推崇。贤,多能之人。一个社会不推崇能人,则人民相互之间就不会争名逐利。

2. 不贵难得之货,使民不为盗:贵,珍贵。一个社会不以稀缺奇巧的事物为贵,则人民相互之间就不会诈欺偷盗。

3. 不见可欲,使心不乱:一个社会不让人民见到可以刺激欲望的事物,民心就不会乱。

4. 是以圣人之治:所以有道者治理天下。

5. 虚其心,实其腹,弱其志,强其骨:虚其心:让人民空虚其心,减少私欲,心自然宁静,此即第十六章所说"致虚极,守静笃"之意。实其腹:让人民吃饱穿暖,无生存之忧。弱其志:志,志向,指人的目标和欲望。弱其志,提倡合作不提倡竞争,使人民无争名逐利之欲。强其骨,发展人民的体魄,使人民健康长寿。

6. 常使民无知无欲:知,此处的"知"指感官认识。无知,即不用感官认识来认识万物。第十章说:"明白四达,能无知乎?"有道者教导人民超越感官的局限,从道的角度来认知万物。无欲:道对万物无欲无求,只是默默奉献,第三十四章说:"大道泛兮,其可左右。万物恃之而生而不辞,功成而不名有,爱养万物而不为主。常无欲,可名于小矣。"有道者同样教导人民学习道的这种无欲的德行,减少贪欲,自然知足常乐。

7. 使夫知者不敢为也:知者,即智者,指聪明善谋的野心家。人民不用为生存费心,也不争名逐利,社会自然平等公正,这样那些私欲膨胀有野心的聪明人因为无法刺激调动起民众,也就不敢乱来了。

8. 为无为,则无不治:无为,无私欲而为。第四十八章说:"为学日益,为道日损。损之又损,以至于无为,无为而无不为。"很多人做学问做事都是为了自己的名利,所以欲望一天比一天多。而学习大道的人在做事时就要注意不断减少自己的私欲,如果能达到为公做事时不掺杂私欲的境界,那么很多事情就都可以交给他做。这样的人治理国家,则国家必然大治。

# 第四章

道冲,而用之或不盈。渊兮,似万物之宗。挫其锐,解其纷,和其光,同其尘,湛兮似若存。吾不知其谁之子,象帝之先。

**注释:**

1. 道冲,而用之或不盈:冲:甲骨文写作⟨图⟩,本义是水流涌动。盈:满。此句意为道如同涌动的泉水,是生生不息、无穷无尽的。但用起来却好像并不积聚,这是因为道不走极端,它流动而不积聚,不在顶点停留。如第十五章所说:"保此道者,不欲盈。"

2. 渊兮,似万物之宗:渊:深,深水,深潭。道,深不可测,好像是生命万物的宗主。

3. 挫其锐,解其纷,和其光,同其尘:挫,摧折。其,此处指前句似万物之宗的万物。锐,锋芒,指万物各自特有的不同于他物的性质。解,解除。纷,本义马尾,繁杂之意,此处指万物之间纷纭复杂的关系。和,混合。光,喻指万物对他物有利的一面。同,意见一致之意。尘,喻指万物对他物不利的一面。挫锐解纷,和光同尘,把表象的差异去掉后,万物同归于道,正是第十六章"夫物芸芸,各复归其根"之意。

4. 湛兮似若存:湛,没水、全入于水,不可见之意。道不可见但存在。

5. 吾不知其谁之子,象帝之先:帝,天帝。我不知道道是谁的孩子,但他好像还在天帝之前呢。所以道是无始的。

# 第五章

天地不仁,以万物为刍狗?圣人不仁,以百姓为刍狗?天地之间,其犹橐龠乎?虚而不屈,动而愈出。多言数穷,不如守中。

**注释:**

1. 天地不仁,以万物为刍狗?圣人不仁,以百姓为刍狗:仁,本义博爱,指人与人相互亲爱之意。刍狗:古时用草编结成的狗形,供祭祀用,用完即丢弃。有人看见天地间万物生长而又毁灭,就以为天地视万物为无足轻重的刍狗,毫不在意万物的生死。又看见人世间充满不公与苦难,就以为圣人也视百姓为无足轻重的刍狗,毫不在意百姓的生死。但真的是这样吗?

2. 天地之间,其犹橐龠乎?虚而不屈,动而愈出:天地之间,宇宙。橐(tuó),烧火的风箱。龠(yuè),形状像箫的一种乐器。虚而不屈,动而愈出,风箱本空荡荡的,但一拉就有风鼓荡;

龠本是中空，但一吹就有美妙的音乐。天地之间也是如此，看似空虚静默，视万物为刍狗漠不关心，实则万物一动，天地就提供支持，即动而愈出。实际上，万物的任何一种运动和变化都是由道来提供能量和支持的，万物的运动演化无时无刻不是由天地在提供能量与帮助，人类社会也无时无刻不在接受圣人的教化。只是人法地，地法天，天法道，道生而不有，为而不恃，长而不宰，给万物演化完全的自由。生命万物如果遵循道的规律，接受圣人的教化，就能幸福长生，而如果不遵循道的规律，不接受圣人的教化，那就会遭受痛苦。这是生命万物自己的选择，非是天地圣人的不仁。万物在演化中遭到了痛苦，就会反思，如果能认识到根本的原因是背离了道的法则，转而依道而行，就能获得幸福。万物的自我成长就是在痛苦中前行的。道提供支持，而不干涉。

3. 多言数穷，不如守中：多言，指不断地抱怨天地不仁、圣人不仁。数穷，细数生命万物的穷困苦难。中，中间，类比指天地之间，虽然空虚，然则动而愈出，实指大道。此句意为与其不断地抱怨天地圣人，细数人生之苦，不如守住中道，体会大道无私博爱之德，调整自己的行为，这样才可以脱离苦海。

## 第六章

谷神不死,是谓玄牝。玄牝之门,是谓天地之根。绵绵若存,用之不勤。

**注释:**

1. 谷神不死,是谓玄牝:谷,本义是两山之间狭长而有出口的低地,往往包含一个流域。此处借指万物的本源——道。神,道之神妙的作用(神,天神,引出万物者也——《说文》)。谷神不死,即是说道创生万物的作用是永不消亡的。玄,深邃而不可知。牝(pìn),雌性、母性。玄牝:深邃而不可知的母性,道是万物之母。

2. 玄牝之门,是谓天地之根:指道创生万物的作用,是天地万物存在的根本。

3. 绵绵若存,用之不勤:绵,丝。绵绵,如细丝般连续不断的样子。若存,似乎存在,指道的作用非常微细难知,似乎都感觉不到。勤,勤劳、辛苦。不勤,不费劲。此句意为,道的作用虽然看起来隐微难知,但它实际上无时无刻不在起着作用,所以用起来并不费力。

# 第七章

天长地久,天地所以能长且久者,以其不自生,故能长生。是以圣人后其身,而身先;外其身,而身存。以其无私,故能成其私。

**注释:**

1. 天长地久:天地能够长久存在。

2. 天地所以能长且久者,以其不自生,故能长生:自,自认为。生,存在。天地从不自认为自己是与他物相异的存在,无自我意识。因为地法天、天法道,天地以道的法则为法则,是无私的(人法地,地法天,天法道,道法自然——第二十五章),它只是默默奉献,养育万物,所以天地合道,而道乃久,是永恒存在的(道乃久,没身不殆——第十六章),所以天地能够长生。

3. 是以圣人后其身,而身先:圣人与天地一样,唯道是从,了知自身与万民万物同一本质,所以从不与人民相争(自己跟自己争什么呢),总是让人一步,但正因为这样,圣人与道的距离反而比别人近了。

4. 外其身,而身存:外,外面。外其身,指有危险时,主动到外面,让人民在里面(自己不应该保护自己吗)。圣人爱护万民而无私,主动临危保民。正因为圣人挺身而出,所以不但保护了人民也保护了自己。

5. 以其无私,故能成其私:难道不正是因为天地圣人的无私,反而使他们能够获得长生吗?

# 第八章

上善若水。水善利万物而不争,处众人之所恶,故几于道。居善地,心善渊,与善人,言善信,政善治,事善能,动善时。夫唯不争,故无尤。

**注释:**

1. 上善若水:最好的善应该像水一样。

2. 水善利万物而不争,处众人之所恶,故几于道:水善于施利于万物,但却不与万物争利,相反,它常常在众人都不喜欢的地方安处(比如低洼之处),因此,水是最近于道的了。为什么,因为大道是无尊卑贵贱之分的,它遍于一切之中。如第三十四章所说:"大道泛兮,其可左右。"古人以左为尊,以右为卑。大道可左可右,即是无尊卑贵贱之意。

3. 居善地:住在哪里就善于施利于哪里。

4. 心善渊:渊,深不见底的水,深远广大之意。心胸广大,善于容人。

5. 与善人:和人交往善于与人为善。

6. 言善信:说话做事善于说到做到,讲信用。

7. 政善治:从政善于治理。

8. 事善能:做事善于解决问题。

9. 动善时:行动善于把握时机。

10. 夫唯不争,故无尤:尤,过失(废为残贼,莫知其尤——《诗·小雅·四月》)。因为无争,所以就没有过失。因为没有争夺私利之心,所以才能客观公正地去看待一切,自然就能善于把握时机,解决问题。

# 第九章

　　持而盈之，不如其已；揣而锐之，不可长保。金玉满堂，莫之能守；富贵而骄，自遗其咎。功成名遂，身退，天之道。

**注释：**

　　1. 持而盈之，不如其已：已，本义停止。"鸡鸣不已。"（《诗·郑风·风雨》）此句意为端着杯子还想要把水倒满，不如适可而止吧，否则容易满溢。

　　2. 揣而锐之，不可长保：揣，锤击。打磨得很尖了还要将它磨得更尖，就不能长久保存，容易折断。

　　3. 金玉满堂，莫之能守：财宝太多，就无法守住。

　　4. 富贵而骄，自遗其咎：咎，灾祸。已经富贵了还骄横，这是自找祸事。

　　5. 功成名遂，身退，天之道：事情做成了，名声圆满了，就退隐，不以为己功，这才合了天道。正是第二章所说"生而不有，为而不恃，功成弗居。夫惟不居，是以不去"之意。

# 第十章

　　载营魄抱一,能无离乎？专气致柔,能如婴儿乎？涤除玄览,能无疵乎？爱民治国,能无为乎？天门开阖,能无雌乎？明白四达,能无知乎？生之、畜之。生而不有,为而不恃,长而不宰,是谓玄德。

**注释：**

1. 载营魄抱一,能无离乎：载,承载。营,缠绕、护卫。载营,指承载护卫精神的身体。魄,阴神,指依附于人的身体而存在的精神,有别于可游离于人体之外的魂。抱一,身心合一。无离,一直保持身心合一的状态,意识到有身体,则身与心还是二,需达忘身之状态才是身心合一,这是指调身。

2. 专气致柔,能如婴儿乎：专,一心一意。气,呼吸。柔,微细的状态。婴儿心无邪念,因此呼吸可以致极微细的状态。息柔则心静,这是指调息。

3. 涤除玄览，能无疵乎：涤除，扫除。览，观看。玄览，深观，即第十六章"致虚极，守静笃。万物并作，吾以是观其复"之观。疵（cī），小毛病，指细微的不完美。无疵，没有瑕疵。要想深观，则需扫除一切感官欲望与杂念，这是指调心。

4. 爱民治国，能无为乎：此章讲的是深观之道，所以在这里，民，可能是隐喻身体的各种感受。国，可能是隐喻整个身心的状态。无为，无欲望而为。此句意为在调理身心的过程中，能消除所有欲望的干扰吗？

5. 天门开阖，能无雌乎：天门，可能是隐喻当消除一切欲望与杂念后，深观中出现的从有名万物到无名之道的跨越之门，如第一章所说"玄之又玄，众妙之门"。无雌，雌性有生殖作用，利用自身的能量生出新事物。此处可能是隐喻在止息所有感官境界、体悟无名大道时，需要集中心力，因此不要在天门开阖、奇景纷飞时，外放自己的能量去关注这些诱惑。

6. 明白四达，能无知乎：知，感官认识称作知。通达一切却不用感官，这是因为在深观中，物我两忘，感官停止活动，回归创造一切的本质——道，所以能通达一切。

7. 生之，畜之：在深观中，体悟到道与万物之间的关系。万物都从道而生，由道而养。

8. 生而不有，为而不恃，长而不宰，是谓玄德：道生出万物却不认为自己拥有万物；为万物默默服务，但却不仗此服务而向万物索取什么；长养万物，但却不统治万物，不向万物发号施令，这就是道深不可测的德行。

# 第十一章

三十辐共一毂,当其无,有车之用;埏埴以为器,当其无,有器之用;凿户牖以为室,当其无,有室之用。故有之以为利,无之以为用。

**注释:**

1. 三十辐共一毂,当其无,有车之用:辐,插入轮毂以支撑轮圈的细条。毂(gǔ),车轮中心的圆木,周围与车辐的一端相接,中有圆孔,可以插轴。三十根辐条共用一个轮毂,当在圆木上挖出圆孔的时候(圆孔中无物质,即为无),这些孔就使这根圆木有了做成车轮的作用。

2. 埏埴以为器,当其无,有器之用:埏(shān):用水和泥。埴(zhí):泥土。怎么和泥制作陶器呢?当将土块的一部分挖空后,这些土块就有了器的作用了(陶碗、陶瓶都是中空的)。

3. 凿户牖以为室,当其无,有室之用:凿,凡穿物使通都称凿。户，本义是门。牖（yǒu），窗户。凿门开窗以制作居室，所以将围成一圈的木头的一部分凿空时，这些木头就有了居室的作用。

4. 故有之以为利，无之以为用：利，本义刀剑锋利，引申为利益。拥有材料只是拥有了获得利益好处的可能，学会放下舍弃才能发挥材料真正的作用。此处以车轮、陶器和房屋的例子隐喻有名万物与无名之道的关系，提醒我们不能只见有名万物千差万别的现象，而遗忘了万物无名的本质——道。只有通达生命万物无名不可感的本质，才可能发挥出生命万物真正的作用和价值，获得期望的利益。如同我们人类，当我们遗忘了自己的本质——无名之道——时，虽拥有宝贵的身体与智慧，但却只知争名逐利。人与人之间，国与国之间，吵闹不休，甚至不惜发动残酷的战争。这其实浪费了我们作为人的真正的价值，所以人间苦难深重，不可能获得永恒的幸福。只有当我们记起自己共同的本质——道，体悟到道无私平等博爱之德，乃至愿意舍弃自私自利之心去实践它时，才能真正发挥出人本具的作用，才能走上重返本源、与道合一的永恒之路，获得真正的利益。

# 第十二章

　　五色令人目盲,五音令人耳聋,五味令人口爽,驰骋田猎,令人心发狂,难得之货,令人行妨。是以圣人为腹不为目。故去彼取此。

**注释:**

1. 五色令人目盲:色彩太过绚烂,眼睛反而看不到事物的真实面目。

2. 五音令人耳聋:音乐太过繁复嘈杂,耳朵反而听不到真实的声音。

3. 五味令人口爽:爽,楚人谓羹败曰爽(露鸡臛蠵,厉而不爽些——《楚辞·招魂》)。味道太浓烈,反而败坏了人的胃口。

4. 驰骋田猎,令人心发狂:驰骋,骑马奔驰。田猎,狩猎、打猎(佐车止,则百姓田猎——《礼记·王制》)。本句意为纵马玩猎,反而使人心发狂。

5. 难得之货，令人行妨：妨，伤害。难得之货，令人做出伤害他人的行动。指贵重之物，容易让人起贪求之心，进而做出偷盗抢劫等恶事。所以第三章说："不贵难得之货，使民不为盗。"

6. 是以圣人为腹不为目，故去彼取此：第三章说"虚其心，实其腹，弱其志，强其骨"，有道之人做事的目的是为了人民长久富足的生存，而不是放纵人民的欲望，所以，他们治理国家时，会注意减少容易引人贪欲的事物，而提倡节俭知足的生活。如第六十七章所言："我有三宝，持而保之：一曰慈，二曰俭，三曰不敢为天下先。"

# 第十三章

宠辱若惊,贵大患若身。何谓宠辱? 辱为下,得之若惊,失之若惊,是谓宠辱若惊。何谓贵大患若身? 吾所以有大患者,为吾有身。及吾无身,吾有何患? 故贵以身为天下者,则可以寄于天下;爱以身为天下者,乃可以托于天下。

**注释:**

1. 宠辱若惊:宠,本义尊崇(宠神其祖——《国语·楚语》)。辱,侮辱(南辱于楚,寡人耻之——《孟子·梁惠王上》)。若,如(若网在纲——《书·盘庚》)。惊,受到惊吓。宠辱若惊,得到天下人的尊崇和受到天下人的侮辱都如同受到了惊吓一样。本章末尾总结:"故贵以身为天下者,则可以寄于天下;爱以身为天下者,乃可以托于天下。"所以此章讨论的是什么样的人才配治国的问题。

2. 贵大患若身:贵,贵重、珍贵。患,担忧。大患:大的忧虑。虽然明知天下是大患，但还倍加珍惜，就如同珍惜自己的身体一样。

3. 何谓宠辱？辱为下，得之若惊，失之若惊，是谓宠辱若惊：什么是宠辱呢？受到人民的侮辱表示治理得不好，自然是一种惊吓。但人民不侮辱你了，而是称颂你了，这难道不也是一种惊吓吗？因为如果你治理国家依赖的是个人的能力，而不是合道的制度，那么对个人来说，人民的喜好是随时在变的。人民有尊崇你的时候，就一定有不再尊崇你的时候。所以对有道者来说，受到人民的侮辱与人民的称颂，对于他们来说都是惊吓。宠辱都是因为有所为而得到的结果，而有道者治理国家追求的是以道治国无私为公的境界。如第十七章所言："太上，下知有之。其次亲而誉之。其次畏之。其次侮之。有不足焉，有不信焉。犹兮其贵言。功成事遂，百姓皆谓我自然。"亲之誉之即是宠，侮之即是辱。所以有道者治理天下绝不会让人尊崇或侮辱，要做到这一点，就只能少说多做，以道治国，"犹兮其贵言。功成事遂，百姓皆谓我自然"。

4. 何谓贵大患若身？吾所以有大患者，为吾有身。及吾无身，吾有何患：为什么说贵大患若身呢？因为我之所以有大的忧虑痛苦，都是因为我有身体。有身体就会有生老病死，就会不断地生出欲望，欲求不满就会痛苦，而宣泄过度就会伤人伤己，所以说是大患。但虽然是大患，我还不得不倍加珍惜，因为身体是修道之资，如果在得道前身体出了问题，我就无法继续修道，所以是必须郑重对待的大患。到我没有身体也能生存的时候（知常容，容乃公，公乃王，王乃天，天乃道，道乃久，没身不殆——第十六章），那我还有什么可以忧虑的呢？所以有道之人对待身体，珍惜但不执着，了知它虽是一切痛苦的本源，但也是修道不可或缺的工具,得道之后,没身不殆。有道者对待天下也是一样,虽然明知天下之难治,但又不得不珍惜万民,为其服务,因为万民是修道之资。如第二十七章所言:"是以圣人常善救人,故无弃人;常善救物,故无弃物;是谓袭明。故善人者,不善人之师;不善人者,善人之资。不贵其师,不爱其资,虽知大迷,是谓要妙。"

5. 故贵以身为天下者,则可以寄于天下;爱以身为天下者,乃可托于天下:所以那些把天下也当作身体一样,虽然倍加珍惜,但也视其如同大患的人,才可将天下交给他们,因为他们视天下为患,自然对天下没有执取之欲;他们以天下为身,自然对人民倍加爱护。

# 第十四章

视之不见名曰夷,听之不闻名曰希,搏之不得名曰微。此三者不可致诘,故混而为一。其上不皦,其下不昧,绳绳兮,不可名,复归于无物。是谓无状之状,无物之象。是谓忽恍,迎之不见其首,随之不见其后。执古之道,以御今之有,以知古始,是谓道纪。

**注释:**

1. 视之不见名曰夷,听之不闻名曰希,搏之不得名曰微:搏,捕捉(搏谍贼——《周礼·夏官·环人》)。视之不见、听之不闻、搏之不得,说明此物是在感官之外的。

2. 此三者不可致诘,故混而为一:诘(jí),追问。因为看不见,听不见,摸不着,所以导致对这个存在不能再追问下去。一,即指万物的本源——道。因为不同的感官均无法感知它,所以相对不同感官来说,就把它当成一个统一的存在来对待,即第二十五章"有物混成"之意。

3．其上不皦，其下不昧，绳绳兮，不可名，复归于无物：皦(jiǎo)，明亮。昧，暗淡。万物的本源没有明暗之分。视之不见，自然没有明暗。绳绳兮，动作行为连续不断，没有穷尽的样子，指万物的本源也没有前后之分。不可名，没有办法为万物的本源命名，因为命名是通过感官认识来进行的，但万物的本源视之不见、听之不闻、搏之不得，没有明暗，没有始终，完全在感官之外，所以不能命名。无物，此处的无物指没有任何能被感官认识的事物，非指什么都没有，因为万物的本源本身就是一种物（有物混成。——第二十五章）。复归于无物，指在万物的本源这里，是没有任何有形的事物存在的。

4．是谓无状之状：道的形状就是没有形状。

5．无物之象：道的表象就是没有任何事物时的样子。道是无形无象的，在人的认知之外，但它又孕育出人的认知功能和所感知的万物，所以万物的形象是相对于人的认知功能而来的，而道本无形象。

6．是谓忽恍，迎之不见其首，随之不见其后：忽恍(huǎng)，即恍惚，意指道似有似无、模糊不分明的样子。因为无法通过感官去感知，所以对道的存在只能是一种模模糊糊的理解，而且道是没有始终前后之分的。

7．执古之道，以御今之有，以知古始，是谓道纪：纪，纲领、纲纪（纲纪四方。——《诗·大雅·棫朴》），用前面所描述的道的恍惚而不可感的无物无象的状态，来掌控现在感官世界中的万物，以时刻提醒自己万物的本来面目是如何的，不被外境所迷，这就是遵循了道的纪律。

# 第十五章

　　古之善为士者,微妙玄通,深不可识。夫唯不可识,故强为之容。豫兮,若冬涉川;犹兮,若畏四邻;俨兮,其若客;涣兮,若冰之将释;敦兮,其若朴;旷兮,其若谷;浑兮,其若浊。孰能浊以止?静之徐清。孰能安以久?动之徐生。保此道者,不欲盈。夫唯不盈,故能弊不新成。

**注释:**

　　1. 古之善为士者,微妙玄通,深不可识:士,男子的美称,此处指修道者。古时善于修道的人,他们的行为微妙玄通,深不可测,其他人是不能辨识的。

　　2. 夫唯不可识,故强为之容:因为实际上是不能辨识的,所以我在这里只能勉强描述他们的状态。

　　3. 豫兮,若冬涉川:豫,本义是大象(豫,象之大者——《说文》),此处比喻如同大象漫游、缓步凝重的样子。他,有时候表现得小心谨慎,好像在冬天走过冰冻的河流。

4. 犹兮,若畏四邻:犹,猴类的一种,行动多疑,此处指犹豫不决的样子。他,有时候表现得犹豫不决,好像正担心着周围的人事。

5. 俨兮,其若客:俨(yǎn),恭敬庄重的样子。他,有时候又恭敬庄重,好像正在别人家里做客。

6. 涣兮,若冰之将释:涣,散乱不羁的样子。他,有时候又散乱不羁,好像寒冰将要解冻。

7. 敦兮,其若朴:敦,老实厚道的样子。他,有时候又老实厚道,好像十分朴素。

8. 旷兮,其若谷:旷,开朗豁达的样子。他,有时候又开朗豁达,好像宽广的山谷。

9. 浑兮,其若浊:浑,守本真的样子。浊,黯淡不彰显的样子。他,有时候又自守本真,与众人和光同尘,好像普通的市井之人。

10. 孰能浊以止?静之徐清:但谁能污染他呢?好像一碗浑水,静静地放一会儿,泥沙沉到底部,水就变得清澈了。

11. 孰能安以久?动之徐生:可他明白,谁又能长久地保持清澈呢?只要有外力摇晃一下那碗,水就又变得浑浊了。

12. 保此道者,不欲盈。夫唯不盈,故能弊不新成:盈,满。弊,同蔽,破损、破旧之意(岁时更续共其弊车——《周礼·巾车》)。此句意为有道者从不追求极致,因为达到极致就意味着变化,就意味着对原有现象的破坏,就意味着新事物的产生。所以,追求极致就是追求现状的灭亡。因此,有道者做事不追求极致,而是随着事物的变化而保持一定的弹性,正是因为不走极端,所以他虽然表面上可能显得破旧衰败,毛病多多,但却能长久地保持一颗求道的本心而不迷失。

# 第十六章

　　致虚极,守静笃。万物并作,吾以是观其复。夫物芸芸,各复归其根。归根曰静,静曰复命,复命曰常,知常曰明。不知常,妄作,凶。知常容,容乃公,公乃王,王乃天,天乃道,道乃久,没身不殆。

**注释：**

1. **致虚极,守静笃**：虚,空。极,本义是房屋正中最高处的正梁(极,栋也。——《说文》),引申为最高处、极点。致虚极,到达空的极点。什么是空的极点？若有一物存之则不能说为空,若有一念存之也不能说为空,因此空是停止一切感官活动后的状态。静,安静,一切身体和思维活动停止的状态。笃,专注。守静笃,专注地安守在此空极清静的状态。

2. **万物并作,吾以是观其复**：虽然感官活动停止但并未死去,死了也就说不出这些话了。此时物我两忘,唯存有观。此观非我,因我已空。我因感官活动而有,感官活动停止,则我之概念不存,非物,因物已空。我所见之物均由我的感官综合而来,感官活动停止,则物不存。然此观也是我,否则后来老子也写不下这段话。是物,此时万物并作。是以此观是我之真我,是生成我及万物的我,是我与万物一体之我。复,返回。在此深观中,老子发现万物生起而又返回,不断地进行着一场螺旋式回归本源的演化之旅。

3. 夫物芸芸,各复归其根:芸芸(yún),草木杂乱繁盛的样子。各复归其根,回归它生起的本源。根在地下,虽然看不见,但不是没有。复归其根意为万物不是消亡、没有,而是归于本源。

4. 归根曰静:静,与动相反,一切表象的活动停止了。

5. 静曰复命:命,本义指派,引申为事物的本源。复命,即是回归本源。

6. 复命曰常:常,恒久、不变(天命靡常——《诗·大雅·文王》)。万物回归本源可以称为常,因为本源是永恒不变的。

7. 知常曰明:知,认识、知道。明,智慧明白,了知事物之本来面目。知常曰明,意为认识万物永恒的本质就可以称作智慧明白之人。

8. 不知常,妄作,凶:妄,胡乱。妄作,胡乱作为。凶,不吉。没有认识到万物永恒的本质,胡乱作为,那就没有好的结果。

9. 知常容:容,宽容。认识到万物永恒的本质后就会无比宽容,因为了知到生命万物原本一体,永恒不变。

10. 容乃公:了知万物一体,我和他人万物,本质同一,自然就能公正无私。

11. 公乃王:无私就可以到达王的境界,施利益于万民而不为其主。如第二十五章所言:"故道大、天大、地大、王亦大。域中有四大,王居其一焉。"

12. 王乃天:到达王的境界就可以说与宇宙相应了。

13. 天乃道:与宇宙相应就可以说与道同一了。

14. 道乃久:而道是永恒不变的,即是那万物的本质。

15. 没身不殆:没,淹没,引申为消失。殆(dài),危险。没身不殆,即使身体消亡,也不会有危险。因为道是永恒的,与道合一后,即使身体消亡归于道,又有什么危险的呢?此时,再看"不知常,妄作,凶"这句,正是说的那些不能了知万物本源为一的人啊。他们不能知常,所以就不能无私,不能无私就被私欲所牵,做种种利己之事,充满了斗争与烦恼,自然也就得不到好的结果了。

# 第十七章

太上,下知有之。其次亲而誉之。其次畏之。其次侮之。有不足焉,有不信焉。犹兮其贵言。功成事遂,百姓皆谓我自然。

**注释:**

1. 太上,下知有之:太,极大。古作"大",也作"泰"。凡言大而以为形容未尽,则作太。上,统治者。最高级的统治是百姓只知道有这么个统治者。

2. 其次亲而誉之:其次的统治是百姓喜欢他称颂他。

3. 其次畏之:再次的统治是百姓害怕他。

4. 其次侮之。有不足焉,有不信焉:不足,说到没有做到。最次的统治是百姓辱骂他欺负他,这是因为统治者说到没有做到,所以失信于民。

5. 犹兮其贵言。功成事遂,百姓皆谓我自然:犹兮,犹豫的样子。好的统治者,对自己说的话总是很慎重,少说多做。直到计划成功了,事情做成了的时候,百姓都说我们本来就是这样的。

# 第十八章

大道废,有仁义。智慧出,有大伪。六亲不和,有孝慈。国家昏乱,有忠臣。

**注释:**

1. 大道废,有仁义:大道荒废的时候,才会有人提倡仁义。当大道通行的时候,人人均无私为公,唯道是从,人们本来就相亲相爱,没有互相仇恨欺诈之事,自然也就没有仁义的说法。因为所有的概念都是相反相成,同时出现的。只因社会出现了不仁不义,才会有仁义的概念成立。

2. 智慧出,有大伪:智慧,分析辨别的能力强。伪,欺诈。同样的道理,当有人以分析判断的能力闻名于世的时候,就证明社会上有严重的欺诈存在。

3. 六亲不和,有孝慈:六亲,指父、母、兄(姐)、弟(妹)、妻、子(女),泛指亲戚。六亲不和的时候,才会有孝慈的说法。六亲和睦的时候,不会有孝慈的概念。只有存在不孝做对比,我们才会说一个人是孝顺的。只有存在不慈做对比,我们才会说一个人是慈爱的。

4. 国家昏乱,有忠臣:同样,只有在国家昏乱、奸诈宵小横行的时候,才会形容一个人为忠臣。国家清明的时候,哪里有这些佞臣的容身之处呢。

# 第十九章

绝圣弃智,民利百倍;绝仁弃义,民复孝慈;绝巧弃利,盗贼无有。此三者,以为文不足,故令有所属,见素抱朴,少私寡欲。

**注释:**

1. 绝圣弃智,民利百倍:绝,本义为把丝切断,引申为断除之意。一个社会如果没有圣人和智者之名,人民就会获得巨大的利益。因为如果社会称颂少数圣人和智者,那就意味着存在着大量不圣与不智的人。这里注意老子指的是要去掉圣人和智者的名称,不以这名称称颂他们,但不是说社会就没有圣人和智者。《老子》里也多次说到圣人,但老子指的是"生而不有,为而不恃,长而不宰"的依道而行的人,这些人在社会上是不会有圣人之名的。"太上,下知有之"而已。

2. 绝仁弃义,民复孝慈:一个社会如果没有仁义的说法,人民自然就会回到孝慈的状态。当一个人帮助爱护别人时，我们说这个人仁；当一个人帮助爱护别人时，我们不说什么，而是认为这是再正常不过的事，这两种社会，哪种更优，不是显而易见的吗？

3. 绝巧弃利，盗贼无有：一个社会如果不珍视奇技淫巧的东西，盗贼自然就不会存在。

4. 此三者，以为文不足，故令有所属，见素抱朴，少私寡欲：文，文明。素，本义是指没有染色的白色丝绸，这里用来比喻"道"。朴，本义指未加工的木材，这里也用来比喻"道"（道常无名，朴。虽小，天下不敢臣——第三十二章）。就像未加工的木材是一切房屋家具的本质一样，道是万物的本质。虽然"绝圣弃智、绝仁弃义、绝巧弃利"有助于社会安定人民平和，但从一个社会文明的运转来看，做到这三点还不够，还要让人民有所归宿（不追求名利，但人心总要有所追求），所以要让人民认识到道的价值，从而唯道是从，减少私欲，成为有道者。

# 第二十章

绝学无忧。唯之与阿,相去几何?善之与恶,相去何若?人之所畏,不可不畏。荒兮其未央哉!众人熙熙,如享太牢,如春登台,我独怕兮其未兆,如婴儿之未孩,乘乘兮若无所归。众人皆有余,而我独若遗,我愚人之心也哉,纯纯兮。众人昭昭,我独若昏;众人察察,我独闷闷。忽兮若海,漂兮若无所止。众人皆有以,而我独顽似鄙,我独异于人,而贵食母。

**注释:**

1. 绝学无忧:学,在这里指的是为名利而学,学的越多,名利心越强,欲望也越强,烦恼忧愁也就越多,如第四十八章所言"为学日益,为道日损"。这种结果的学习,不要也罢,所以说是绝学无忧。

2. 唯之与阿,相去几何:唯,急速回答,意为诚实坦白。阿,曲从迎合、阿谀奉承。去,距离。几何,多少。诚实的君子与谄媚的小人之间,区别能有多大呢?

3. 善之与恶,相去何若:善良的人与邪恶的人之间,距离能有多远呢?此处的善人,指世俗意义上的好人,他们有一定的善心,但并未从道的角度体悟到无私博爱之善。

4. 人之所畏,不可不畏:人们所畏惧的,我也不能不畏惧。畏惧什么?从下句"荒兮其未央哉"来看,这里可能是指死亡。在死亡面前,世俗所谓诚实的君子与谄媚的小人、善良的人与邪恶的人,他们的区别又有多大呢?都不免一死啊。面对死亡时,他们所学习的那些追名逐利的知识,又有什么用呢?所以前面说绝学无忧。

5. 荒兮其未央哉:荒,荒废。未央,未尽(夜如何其?夜未央——《诗·小雅·庭燎》)。人们在其生命未尽时是多么的荒废时光啊!

6. 众人熙熙,如享太牢,如春登台:熙熙,欢乐的样子。太牢,古代祭祀天地,以牛、羊、猪三牲具备为太牢,以示尊崇之意。众人都很欢乐啊,就好像在享受太牢,就好像在春天登高望远。

7. 我独怕兮其未兆,如婴儿之未孩,乘乘兮若无所归:怕,害怕恐惧。兆,卜兆,龟甲烧后的裂纹,引申为征兆。孩,古时婴儿长到会笑时名孩。乘,本义为登、升。乘乘兮,在空中飘浮不定的样子,神情恍惚。此句意为我却在还没有任何征兆的时候就感到恐惧(所以才想要寻找那永恒长生之路),就好像那还不会笑的婴儿,神情恍惚,似乎还没有找到真正的归家之路。

8. 众人皆有余,而我独若遗,我愚人之心也哉,纯纯兮:纯,本义为蚕丝,蚕丝雪白无瑕,所以纯字后来又引申为纯粹纯净的意思。纯纯兮,形容朴素单纯的样子。此句意为众人都富足有余,只有我像是缺少了什么。难道是因为我有一颗愚蠢的心吗？老是一副单纯呆萌的样子。

  9. 众人昭昭,我独若昏：昭,光明,引申为清醒。世俗人都很清醒,我却好像很昏沉。

  10. 众人察察,我独闷闷：察,观察、明白。闷,沉默愚钝的样子。世俗人都很明白,我却好像很愚钝。

  11. 忽兮若海,漂兮若无所止：忽,恍惚。恍惚的样子好像大海一样茫茫无边,漂浮的样子好像浮萍一样没有归宿。

  12. 众人皆有以,而我独顽似鄙：以,本义是用的意思（以,用也——《说文》）。顽,愚顽。鄙,见识浅薄之人。众人皆有用处,而我却愚蠢得像个见识浅薄的粗鄙之人。

  13. 我独异于人,而贵食母：母,指道（有物混成,先天地生。寂兮寥兮,独立而不改,周行而不殆,可以为天下母。吾不知其名,字之曰道,强名之曰大——第二十五章）。这都是因为我恰恰与人不一样,我看重的是从万物的母亲——道那里吸取营养,我追求的是道的知识,因为"道乃久,没身不殆"（第十六章）。这样才可以不再畏惧死亡啊。

# 第二十一章

孔德之容,唯道是从。道之为物,唯恍惟忽。忽兮忽兮,其中有物;忽兮恍兮,其中有象;窈兮冥兮,其中有精;其精甚真,其中有信。自古及今,其名不去,以阅众甫。吾何以知众甫之然哉?以此。

**注释:**

1. 孔德之容,唯道是从:孔,通、大。德,本义是登高、攀登(德,升也——《说文》),引申为向善之路,后指好的品行。容,仪表。大德的一举一动,都是唯道是从的。

2. 道之为物,唯恍唯忽:恍,同恍,模糊。道是不可感的存在,不能在感官世界中获得真切的描述,只能是一种模糊中的体悟。

3. 恍兮忽兮,其中有物:道虽不可感,但却创生可感的万物。

4. 忽兮恍兮，其中有象：象，表征。虽不可真切描述，但道是有迹可循的，可以从道的作用来认识道。

5. 窈兮冥兮，其中有精：精，本义是挑选过的好米，引申为物之精华。道蕴含着万物的本质。

6. 其精甚真，其中有信：真，真实。信，信物、凭证（行而无信——《战国策·燕策》）。万物的本质是真实存在的，在表现上有着确切无疑的凭证。

7. 自古及今，其名不去，以阅众甫。吾何以知众甫之然哉？以此：名，指道之信。甫，男子之美称，指圣人。我是靠什么知道圣人是怎么一回事呢？就是因为对道的作用规律的了悟。因为大德的一举一动，都是合道的。所以，我可以根据人们的作为来判断谁是真正的圣人。即第十四章"执古之道，以御今之有"之意。

# 第二十二章

曲则全,枉则直,洼则盈,弊则新,少则得,多则惑。是以圣人抱一为天下式。不自见,故明;不自是,故彰;不自伐,故有功;不自矜,故长。夫唯不争,故天下莫能与之争。古之所谓曲则全者,岂虚言哉?故诚全而归之。

**注释:**

1. 曲则全:曲,指曲线不直的形状。全,完全,这里指圆形,圆形是完美的形状。只有曲线才能画一个圆形。

2. 枉则直:枉,本义弯曲、不正。有时候,绕路而行才能轻松直达终点。比如两地之间间隔大山,直行则需攀爬翻越,充满艰难险阻,少有人能成功。而绕行虽看似多走了几倍的路,却几乎人人都能到达终点。

3. 洼则盈:洼(wā),低洼之地。下雨时,水会自动把低洼的地方灌满。

4. 弊则新：弊，破旧、破损。发现了弊端，才能更新。如同我们使用的软件，只有发现了问题，才有更新的需求，也才能不断完善。

5. 少则得：少而集中才能得到你想要的效果。

6. 多则惑：一味贪多就会迷惑了。什么都想要，最后什么都得不到，就是这个道理。

7. 是以圣人抱一为天下式：一，指道（道生一）。式，法度、规矩。所以圣人以道为天下的法度。

8. 不自见，故明：看待事物不坚持己见，所以能够明了真相。

9. 不自是，故彰：彰，明显、显著。不自以为是，所以名声能彰显天下。

10. 不自伐，故有功：伐，彰明功绩等级（古者人臣功有五品……用力曰功，明其功曰伐——《史记·高祖功臣侯者年表》）。不自认为有功，所以就真的有功。

11. 不自矜，故长：矜，自夸（不矜而庄——《礼记·表礼》）。不自我夸耀，所以就能获得长久的成功。

12. 夫唯不矜，故天下莫能与之争：正是因为圣人从不自夸自满，从不主动去争名逐利，只是唯道是从，默默奉献，所以天下也没有人能与他相争。

13. 古之所谓曲则全者，岂虚言哉？故诚全而归之：古语说曲则全，岂是一句空话？不争的人看似受了委屈，柔弱随顺，但其实只有这样，才能不被自己的私欲所蒙蔽，最终拥有完整的大道啊。

# 第二十三章

希言自然。飘风不终朝,骤雨不终日。孰为此者?天地。天地尚不能久,而况于人乎?故从事于道者,道者同于道,德者同于德,失者同于失。同于道者,道亦乐得之;同于德者,德亦乐得之;同于失者,失亦乐得之。信不足焉,有不信焉。

**注释:**

1. 希言自然:希言,少言乃至无言。自,自己;然,如此、这样。自然就是自己这样的意思。此句意为道是无言的,自然而然地按照自己的规律运动。道的规律是什么?"反者道之动,弱者道之用"(第四十章),即向相反的方向转化是道的运动规律,以看似柔弱不争的无私博爱之德服务万物是道的作用方式。道"生而不有,为而不恃,长而不宰"的品行,在外界看来就是柔弱无争。

2. **飘风不终朝,骤雨不终日**:因为反者道之动,所以狂风不会一整天地刮,暴雨不会一整天地下。

3. **孰为此者? 天地。天地尚不能久,而况于人乎**:狂风暴雨是谁制造的呢? 是天地啊。可见即使是天地的力量,都要遵循道的法则来行动,更何况人呢?

4. **故从事于道者,道者同于道,德者同于德,失者同于失**:所以那些想修道的人,一定要唯道是从,以道的运动规律和作用方式来校正自己的行为。按照"反者道之动"的规律来调整自己行为的人就是有道的,按照"弱者道之用"的方式来无私奉献的人就是有德行的,而失去了这二者的人就是失道的。

5. **同于道者,道亦乐得之;同于德者,德亦乐得之;同于失者,失亦乐得之。信不足焉,有不信焉**:按道的运动规律而行的人,有道的事也会乐于找到他;按道的作用方式而行的人,有德的事也会乐于找到他;而不依道而行的人,失道的事也会乐于找到他,他就会越来越迷茫。正是因为对道的信心不足,才会有不信而失道的事情发生啊。

# 第二十四章

跂者不立,跨者不行。自见者不明,自是者不彰,自伐者无功,自矜者不长。其于道也,曰余食赘行。物或恶之,故有道者不处。

注释:

1. 跂者不立:跂(qǐ),抬起脚后跟站着,即用脚尖站立。用脚尖站立当然就站不稳。此句意为在人群中跂起脚尖想站得更高来突出自己,但却不可持续,最后反而连站都站不稳了。

2. 跨者不行:跨,跨越。大步跨越着走路就走不远。在人群中大步跨行想走到前面引人注目,但却不可持续,最后反而落后了。

3. 自见者不明:固执己见的人愚蠢。

4. 自是者不彰:自以为是的人无人尊敬。

5. 自伐者无功:自以为有功的人最后却得不到功劳。

6. 自矜者不长：自己夸耀自己的人，成功不会长久。

7. 其于道也，曰余食赘行。物或恶之，故有道者不处：余，剩余、多余。赘，附加、多余。从道的角度看，这种自夸自满的行为是画蛇添足，道是希言自然的。这样多此一举，令万物厌恶，所以有道的人是不会这样做的。

# 第二十五章

有物混成,先天地生。寂兮寥兮,独立而不改,周行而不殆,可以为天下母,吾不知其名,字之曰道,强名之曰大。大曰逝,逝曰远,远曰反,故道大、天大、地大、王亦大。域中有四大,王居其一焉。人法地,地法天,天法道,道法自然。

**注释:**

1. 有物混成,先天地生:混,本义是指众水汇聚同流、声势盛大的样子,引申为天地未分,万物未生,但又具有生出一切宇宙万物的可能性的本源状态,与"混沌"同义。混成,指这个东西的存在是本然浩荡的,其中具有无限的可能性,是一切宇宙万物之源,所以说它是"先天地生"。天,甲骨文字形下面是个正面的人形(大),上面是人头,小篆变成一横。本义指人的头顶,此处引申为人顶上之苍穹,即宇宙之意。地,本义大地。乃是指人脚下之大地,对古人来说,即是指整个地球。

2. 寂兮寥兮：寂，无声。寥，空虚。

3. 独立而不改：独立，不需要其他任何事物的帮助而存在。不改，其性质不会发生任何改变，是永恒的。

4. 周行而不殆：周行，循环往复之意（逐之，三周华不注——《左传·成公二年》）。殆，本义危险，此处假借为怠，是懒惰、懈怠之意。不殆即不停歇（受命不殆——《诗·商颂·玄鸟》）。

5. 可以为天下母：前讲先天地生，这里讲可以为天下母，所以说此物是天下万物的本源。

6. 吾不知其名：它没有被命名过，因此不知其名。

7. 字之曰道：古人不仅有"名"，而且有"字"（上古婴儿出生三个月后由父亲命"名"，男子二十岁举行冠礼，并取"字"；女子十五岁许嫁，举行笄礼，并取"字"）。但由于不知其名，由于某种原因，老子又不愿新造字来命名，所以只能勉强用现有的事物的名字来指代它，然后给予这名字新的描述。此处，老子用道来称呼万物的本质，原因可能有二：一是因为这本源是万物之首，确定了万物的演化是一场回归本源的周行之路；二是因为万物均受本源的制约，所以本源的存在本身就具有规律性。这两层含义与道的造字含义最近似。但应注意的是，本源"有物混成"的实体含义是道的本义中所没有的，这是老子赋予道这个字的新意，也是老子之道与别的文献中提到的道字的根本区别所在。

8. 强名之曰大：第三十四章"万物归焉而不为主，可名于大矣"之意，即生成万物但却不主宰万物。

9. 大曰逝：逝，本义去、往，离去之意（逝，往也——《说文》；逝者如斯夫——《论语·子罕》）。大曰逝，生成但不主宰万物，万物于是就自行演化下去。

10. 逝曰远：万物自行演化，与自己的母亲——道——之间的差异就越来越大了。

11. 远曰反:反,返回(三年而反——《墨子·鲁问》)。道是周行,即循环往复之意。周行的特点是起点与终点相同。如一个有线拉着的弹力球,强力弹出后,到了极点,就又弹了回来。又如一艘绕着地球行驶的帆船,离开起点越远,从另一个方向看,离起点就越近,直至最终返回起点。因此,万物演化的时间与路途越遥远,实际上离其出发的原点——本源就越近,所以万物的演化实际上是一场返回本源之旅。但此返回是带着无数时间和无数空间的经验返回的,相对于出发时的懵懂,万物完成了对自身本质的实践认识,从而完美地与道合一。老子在第四十章把道的这种周行运动方式概括为"反者道之动"。

12. 故道大:道生成万物、任其演化而不为主,所以为大。

13. 天大:宇宙承载无数星系,而任各星系自然演化不为主,故也为大。

14. 地大:地球承载人类及其他生命万物,而任其自然演化不为主,故也为大。

15. 王亦大:王,第十六章有"知常容,容乃公,公乃王,王乃天,天乃道,道乃久,没身不殆",故王是悟道的大公无私之人,他默默为万民服务,一视同仁地为人民提供生存的条件,而任其自然演化不为主,故也为大。

16. 域中有四大,王居其一焉:宇宙有四个依道而行的层次,有道者居其一。

17. 人法地:法,效法、遵循。人遵循地的法则。

18. 地法天:地遵循天的法则。

19. 天法道:天遵循道的法则。

20. 道法自然:自然,此自然不是指自然界。自,自己;然,如此、这样。自然即自己这样之意。道法自然即是道就遵循自己本身的法则。所以,道的法则是唯一的、一贯的。人法地、地法天、天法道、道法自然,人、地、天都受同样的道的法则制约,道生成万物而不为主,虽然不为主,但万物演化运行都要受到道的法则的制约,这就是道与万物之间的关系。

# 第二十六章

重为轻根,静为躁君。是以圣人终日行,不离辎重。虽有荣观、燕处,超然。奈何万乘之主,而以身轻于天下?轻则失臣,躁则失君。

**注释:**

1. 重为轻根:树根厚重,枝叶轻柔,没有根从土地吸取养分,枝叶也无从得生,所以重为轻根。

2. 静为躁君:躁,本义为迅速(躁,疾也——《说文》)。静为蓄势,躁为速出。如弯弓射箭,没有拉弓瞄准之蓄势,安有急速中的之功,所以静为躁君。

3. 是以圣人终日行,不离辎重:辎(zī)重,指作战时随军而行的后勤物资,物资是作战能够胜利的根本。此处指圣人行持不离根本,即道。

4. 虽有荣观、燕处,超然:荣观,指华美的宫殿。燕处,燕假借为"晏",为安逸、安乐之意(燕笑语兮——《诗·小雅·蓼萧》);燕处指安乐的生活。超然,超脱的样子。虽然有华美的宫殿、安乐的生活,但处之超脱而不执着,因其深知根本所在。

5. 奈何万乘之主,而以身轻于天下:万乘,指天子。周朝的制度,天子地方千里,出兵车万乘;诸侯地方百里,出兵车千乘,故称天子为"万乘"。天下为重,一身为轻,为什么贵为一国之君,却以一己之身之私欲为重而以天下之万民之利益为轻呢?所以虽然国君有华丽的宫殿、安乐的生活,但也因此而忘失了根本,不能做到像圣人一样超然啊!

6. 轻则失臣,躁则失君:轻天下之万民,万民自然也就不会为之效力,所以轻则失臣。忘失根本则不能静,不能静则荣观燕处定会让人忘乎所以,在处理国家大事时就急躁轻浮,那国家和君位也就危在旦夕了,所以躁则失君。

# 第二十七章

善行无辙迹,善言无瑕谪,善计不用筹策,善闭无关键而不可开,善结者无绳约而不可解。是以圣人常善救人,故无弃人;常善救物,故无弃物;是谓袭明。故善人者,不善人之师;不善人者,善人之资。不贵其师,不爱其资,虽知大迷,是谓要妙。

**注释:**

1. 善行无辙迹:辙,车轮碾过的痕迹。善于赶车的人赶车不会留下车迹。

2. 善言无瑕谪:瑕(xiá),玉上的斑点,比喻缺点、过失。谪(zhé),责备。善于说话的人说话不会出现让人指责的过失。

3. 善计不用筹策:筹策,古时计算的工具。善于计算的人计算不靠工具。

4. 善闭无关键而不可开:关键,指古时锁门的木栓。善于锁闭的人锁门后无木栓可寻,其他人找不到木栓自然就开不了门。

5. 善结者无绳约而不可解:善于打结的人打的结别人找不到,自然也解不开。

6. 是以圣人常善救人,故无弃人;常善救物,故无弃物;是谓袭明:圣人善于救人,所以无论善人恶人,无一人可弃。圣人善于救物,所以眼中无一物可扔。圣人为什么能做到这样呢?因为圣人唯道是从,如第八章所言:"上善若水。水善利万物而不争,处众人之所恶,故几于道。"圣人行持如水,乐处卑下,与百姓万物和光同尘,为其挫锐解纷,而不与其争利,故能救人救物,这就叫做沿袭了道明白四达的智慧。明,知"道"为明(夫物芸芸,各复归其根。归根曰静,静曰复命,复命曰常,知常曰明——第十六章)。圣人正是由于了知万物的根本,所以才能明白万物的状况,也才能救助万民与万物。

7. 故善人者,不善人之师;不善人者,善人之资。不贵其师,不爱其资,虽知大迷,是谓要妙:资,财富、资粮。所以向善的人是不向善之人的老师,不向善之人是向善之人的财富。如果不懂得这一点,不善人不珍惜教他向善的老师,善人不爱护磨砺他善行的资粮,即使懂的知识再多,也都是大迷之人啊,这就是修道的核心奥妙之处。修道不是枯坐,而是行持,圣人唯道是从,道生之,德畜之,万物尊道而贵德。善人懂道,教导不善人尊道而贵德,才能此身不忧,没身不殆,所以不善人应该以善人为师,珍视之。而懂道之人正是在帮助天下万民的实践中行道证道的,如果没有不懂道的人,善人行道就失去了对象而落于空处;没有不善人的磨砺,如何能体认道成万物而不为主的无私大爱呢?如第二章所言,天下"皆知善之为善,斯不善已"。所以学道之人应该以不善人为进道之资粮,倍加爱护。

# 第二十八章

知其雄,守其雌,为天下溪。为天下溪,常德不离,复归于婴儿。知其白,守其黑,为天下式。为天下式,常德不忒,复归于无极。知其荣,守其辱,为天下谷。为天下谷,常德乃足,复归于朴。朴散则为器,圣人用之,则为官长,故大制不割。

**注释:**

1. 知其雄,守其雌,为天下溪:雄,指生命万物纷纭演化的瑰丽现象。雌,指创生生命万物的同一本源。溪,小溪;山间的小溪是江海的源头。此句意为:虽然知道生命万物雄伟壮丽精彩绝伦的演化现象,但却能够安守它们同一的本源,甘愿如山间的小溪一样,为万物的生成与演化默默地提供支持。

2. 为天下溪,常德不离,复归于婴儿:守住天下的本源,就能不离道的玄德,返回婴儿般天真自然之道。

3. 知其白,守其黑,为天下式:白,可见的现象。黑,不可见的本质。式,法度、规矩(式,法也——《说文》)。知道道可感的一面(有名),守住道不可感的那一面(无名),以此为天下立下法律和制度。

4. 为天下式,常德不忒,复归于无极:忒(tè),差误、差错(故日月不过,而四时不忒——《易·豫》)。极,顶点。无极,没有顶点,意即无始无终永恒之道境。以道为天下立下法律和制度后,就能实践道之德行而不出差错。实践道之德行能不出差错,就可以归于那大道永恒之境了。

5. 知其荣,守其辱,为天下谷:谷,山谷,指万物的本源(谷神不死,是谓玄牝——第六章)。知道道的荣耀,守住道的谦卑,甘愿如道一样,为天下万物默默奉献。

6. 为天下谷,常德乃足,复归于朴:朴,本义指未加工的木材,这里指道。如第三十二章:"道常无名,朴。虽小,天下不敢臣。"第十九章:"见素抱朴,少私寡欲。"此句意为甘愿为天下万物默默奉献,自己身上道的德行才可谓是完备了,就可以与道同一了。

7. 朴散则为器,圣人用之,则为官长,故大制不割:如同未加工的木材可以加工成不同的器具一样,无名之道可生成万物万法。圣人如能体悟这一点,则能成为世间立法者。所以符合大道的制度一定不是割裂的,而是在各方面各层次都有着统一的本质和用意,都能体现大道无私博爱的精神。

# 第二十九章

将欲取天下而为之,吾见其不得已。天下神器,不可为也。为者败之,执者失之。故物或行或随,或呴或吹,或强或羸,或载或隳。是以圣人去甚、去奢、去泰。

**注释:**

1. 将欲取天下而为之,吾见其不得已:有人想要夺取天下,因而为此而做多方面的准备,但我已经看到他失败的结果了。

2. 天下神器,不可为也:天下是神妙不可测的大器,并非有意取就能取的。

3. 为者败之,执者失之:有意这么干的人必然失败,妄图掌握天下的人也必然会失去天下。

4. 故物或行或随,或呴或吹,或强或羸,或载或隳:随,跟随。呴(xǔ),缓缓呼气。吹,用力吐气。羸(léi),瘦弱。载,承载。隳(huī),毁坏。所以万事万物的状态都是在不断变化中的。开始走得快了成了领头羊,后面累了就只能勉强跟随了。开始还可以和缓呼吸,到了后来呼气就变得急促起来了。开始显得很强壮,到了后来就显得很虚弱了。开始车还能载物,到了后来就坏在一旁了。所以在夺取天下的过程中,即使准备得再充分,先期取得的优势再巨大,到了后来也还是会失败的。

5. 是以圣人去甚、去奢、去泰:甚,本义异常安乐。引申为过度。奢,不节俭、过分。泰,傲慢(骄泰奢侈——《国语·晋语》)。所以圣人时刻检点自心,去掉过度、奢侈和傲慢,避免过度膨胀而妄图执取天下。

# 第三十章

以道佐人主者，不以兵强于天下，其事好还。师之所处，荆棘生焉。大军之后，必有凶年。善者果而已，不敢以取强。果而勿矜，果而勿伐，果而勿骄，果而不得已，果而勿强。物壮则老，是谓不道，不道早已。

**注释：**

1. 以道佐人主者，不以兵强于天下，其事好还：以道的原则来辅佐国君的人，不会建议国君用战争来称霸天下，因为战争这件事会把失败者遭受的痛苦还给胜利者。所谓杀敌一千，自损八百。

2. 师之所处，荆棘生焉：军队战斗的地方，毁坏一切，良田沃土成为荆棘丛生的荒地。

3. 大军之后，必有凶年：大的战争过后，必定有遍地饥荒、瘟疫横行的大凶之年。

4. 善者果而已，不敢以取强：果，果实、目的。所以有道之人用兵达到目的就可以了，从不敢以取得的胜利来逞强称霸。

5. 果而勿矜，果而勿伐，果而勿骄，果而不得已，果而勿强：即使达到目的也不敢自夸，不敢自以为有功，不敢骄傲，知道这是不得已而为之，不敢逞强称霸。

6. 物壮则老，是谓不道，不道早已：如果因为战争胜利而引发了称霸天下的野心，继续加强军备，发动战争的话，那么离灭亡就不远了。因为"反者道之动"，任由事物发展到顶点那就意味着要走下坡路了，这就是不知道道的法则的结果，不知道道的法则，那就会早早消亡。

# 第三十一章

夫佳兵者,不祥之器,物或恶之,故有道者不处。君子居则贵左,用兵则贵右。兵者,不祥之器,非君子之器,不得已而用之。恬淡为上,胜而不美,而美之者,是乐杀人。夫乐杀人者,则不可以得志于天下矣。故吉事尚左,凶事尚右。偏将军处左,上将军处右,言以丧礼处之。杀人之众多,以悲哀泣之。战胜,则以丧礼处之。

注释:

1. 夫佳兵者,不祥之器,物或恶之,故有道者不处:优良的兵器是用来战斗杀人的,所以是不祥之器,惹万物之厌恶,所以有道的人不打仗。道生育天地万物,又以德行爱护养育万物,道对万物充满无私之爱,因此对有道者来说,生命是最可珍贵的,怎能互相剥夺呢?所以有道者是坚决的反战者。但无奈"天之道,损有余而补不足,人之道,损不足以补有余"。人受私欲的驱使而为恶，因为人的很多欲望要从他人身上得到满足，当物质不能满足所有人的需要时，人与人之间的争斗就会一直发生，这是其自然演化中的过程，不可避免。虽然是不合道的，但道也不会干涉。道"生而不有，为而不恃，长而不宰"，并不会干涉万物包括人类的自然演化过程，只是自然地发生作用。但这个演化过程受"道"自身的运动和作用法则约束，那就是"反者道之动，弱者道之用"。事物发展到极端就会灭亡，私欲太过膨胀就会狂乱，人类如果不能控制自己的私欲，一味地追求战争与霸权，那么随着科技的发展，兵越来越佳，终会在反者道之动的作用下，自取灭亡。无奈的是，有道者为了保护万民有时也不得不与恶人做斗争，不得已而作战。但有道者即使胜利了，也不会庆祝，而是以丧礼处之。

2. 君子居则贵左，用兵则贵右：古人以左为尊，以右为卑，君子用兵则贵右是不敢以战为贵。

3. 兵者，不祥之器，非君子之器，不得已而用之：战争是不祥之器，不是君子所用之物，只是在不得已的情况下才使用这一手段。

4. 恬淡为上，胜而不美，而美之者，是乐杀人，夫乐杀人者，则不可以得志于天下矣：不得已而打仗，如果胜利了，则应该安静淡漠，不以为荣。如果以胜利为荣，那是喜好杀人。喜好杀人的人，是不能让他得志于天下的。

5. 故吉事尚左，凶事尚右。偏将军处左，上将军处右，言以丧礼处之：美好的事情以左为尊，坏事以右为尊，所以偏将军站左边，上将军反而站右边，这是以对待丧礼的态度对待战争啊。

6. 杀人之众多，以悲哀泣之。战胜，则以丧礼处之：战争中的死伤，无论敌我，都是生命的消亡，是非常悲哀的一件事。即使胜利了，也应该以丧礼的方式对待。

# 第三十二章

道常无名,朴。虽小,天下不敢臣。侯王若能守之,万物将自宾。天地相合,以降甘露,民莫之令而自均。始制有名,名亦既有,天亦将知之,知之所以不殆。譬道之在天下,犹川谷之与江海。

**注释:**

1. 道常无名,朴:无名,道不可名所以无名。朴,本义为未加工的木材,此处指道为构成万物之本质。

2. 虽小,天下不敢臣:小,道只是无私奉献,从不与万物争名夺利,因而显得柔弱,故为小。如第三十四章所言:"常无欲,可名于小矣。"天下不敢臣,道是万物的本质,虽不与万物相争,万物却也不敢试图主宰它。

3. 侯王若能守之,万物将自宾。天地相合,以降甘露,民莫之令而自均:侯王,指统治阶层。宾,宾从、服从之意。统治阶层守道，则万物将自然听从其指挥（道之尊，德之贵，夫莫之命而常自然——第五十一章）。就如同天地之气相互激荡而下雨时，人民不用谁的命令就能自动均匀地分到自己的那一份一样。

4. 始制有名：始，开始。制，制定。有名，万物的名字以及万物之间的法度规章。道创生智慧生命以及万物，智慧生命出现后，根据自身的认知功能来为万事万物命名；进而制定法度规章，来分辨管理万物。

5. 名亦即有，天亦将知之，知之所以不殆：虽然给万物命了名，但也应该知道生成万物的天道是什么。万物的本质均为道，道创生包含人类等智慧生命的万物。在万物中，人类等智慧生命与其他事物相比，拥有强大的认知能力，于是他们为了方便区别事物和共同交流，而利用这种认知能力来给万物命名，并制定法度规章来分辨管理万物以及自身。但这种命名与管理应该是在知道并坚守万物共同的本质——道的基础上的，不能得名而忘道。知道了这个道理，就不会有危险了。

6. 譬道之在天下，犹川谷之与江海。川谷，小溪、小河。小溪小河是大江大海的源头。道是万事万物的本源，不可因为万事万物纷纭复杂的现象，而忘失了其共同的本源。要始终牢记，道之德是生而不有、为而不恃、长而不宰的无私大爱，制定法度规章时，不能忘了这个原则。

# 第三十三章

知人者智,自知者明。胜人者有力,自胜者强。知足者富。强行者有志。不失其所者久。死而不亡者寿。

**注释:**

1. 知人者智,自知者明:能够知道识别他人的善恶贤愚的人,可以说是聪明人。但能够认识清楚自己的人才是真正的有智慧。

2. 胜人者有力,自胜者强:能够战胜别人的人可以说很有力量,但真正的强者是能战胜自己欲望和习惯的人。

3. 知足者富:懂得知足的人是真正的富人。

4. 强行者有志:虽知艰难而强行为之的人是有志向的人。

5. 不失其所者久:能够不失其安身立命之处的人可以活得长久。

6. 死而不亡者寿：虽然死去但并未消亡的人才是真正的长寿,即与道合一的人,第十六章说:"道乃久,没身不殆。"因为道无形象,但可出生万物,身体只是道的作用表现,身体有消亡,道无消亡。

# 第三十四章

大道泛兮,其可左右。万物恃之而生而不辞,功成而不名有,爱养万物而不为主。常无欲,可名于小矣。万物归焉而不为主,可名于大矣。是以圣人终不为大,故能成其大。

**注释:**

1. 大道泛兮:泛,广泛。大道是遍于一切处的。
2. 其可左右:古人左右分贵贱,道可左可右,即无尊卑贵贱之分,遍一切处。
3. 万物恃之而生而不辞:恃,依赖。辞,推辞、不接受。万物都依赖道而生,道也从不推辞自己这个生成万物的责任。
4. 功成而不名有:有,拥有。但是当万物生成以后,道却并不认为自己拥有万物。
5. 爱养万物而不为主:爱,慈爱。道以慈爱滋养一切万物却并不想统治它,所以这是一种纯粹无私的博大之爱。

6. 常无欲,可名于小矣:道对万物无欲无求,只是默默奉献,而不为人所注意,所以可称之为小。

7. 万物归焉而不为主,可名为大矣:道是万物的本质,是万物的依归(夫物芸芸,各复归其根——第十六章),但道却从不认为自己是万物的主宰,这种无私奉献的胸怀何其之大!所以可称之为大。

8. 是以圣人终不为大,故能成其大:圣人唯道是从,虽然教化辅助万民,却从不自以为是万民的主人,对万民是一种纯粹无私平等的爱,所以才能体悟大道。

# 第三十五章

执大象,天下往。往而不害,安平泰。乐与饵,过客止。道之出口,淡乎其无味,视之不足见,听之不足闻,用之不可既。

**注释:**

1. 执大象,天下往。往而不害,安平泰:大象,指"道"(大象无形——第四十一章)。往,归往。泰,舒适。有道随身而走天下,则不会有危险发生,平安舒适。

2. 乐与饵,过客止:音乐和美食,让过客停下脚步。喻指展示自身的美好或宝物,而让他人起了不轨之心。

3. 道之出口,淡乎其无味,视之不足见,听之不足闻,用之不可既:既,完毕。不可既,无穷无尽。此句意为:而我随身之道,无味、无形、无声,不会让任何人有所窥测,但它的用处可是无穷无尽的。

# 第三十六章

将欲翕之,必固张之;将欲弱之,必固强之;将欲废之,必固兴之;将欲夺之,必固与之。是谓微明,柔弱胜刚强。鱼不脱于渊,国之利器,不可以示人。

**注释:**

1. 将欲翕之,必固张之:翕(xī),缩鼻,引申为收缩、吸纳。固,坚固,做副词引申为坚持、一定,如"禹拜稽首固辞"(《书·大禹谟》)。想要深深吸气,必须要先坚持不断张大鼻孔使劲地呼气,呼到极点坚持不住时,鼻孔自然收缩,空气自然倒灌,深吸气就会容易许多。

2. 将欲弱之,必固强之:想要削弱一件事物,必须要坚持不断地让它更强大。比如锻造一把长枪,不停地打磨,让它越来越尖利,到了极点,自己就折了。如第九章所言:"揣而锐之,不可长保。"

3. 将欲废之,必固兴之:想要废弃一个事物,必须要坚持不断地使它兴盛。比如想要废弃一块肥沃的土地,不断地使用它就行了。

4. 将欲夺之,必固与之:想要夺取一个事物,必须要坚持不断地给予它。牧民饲养绵羊和奶牛,目的是为了毛和奶。

5. 是谓微明:微,细微。明,知道事物的本质规律(知常曰明——第十六章)。微明,即懂得了事物极其微细难知的本质规律。这个本质规律是什么,就是"反者道之动,弱者道之用",事物发展到了极致就会走向反面。

6. 柔弱胜刚强:既然明白了"反者道之动"的道理,就要注意不能走极端,以谦卑与柔弱之心,面对万事万物,知晓柔弱总是胜于刚强,这就是"弱者道之用"的深意。

7. 鱼不脱于渊,国之利器,不可以示人:渊,深潭(鱼潜在渊——《诗·小雅·鹤鸣》)。利器,锋利有效的武器。国之利器,极有利于国家的强大事物。此句意为:如同深潭中的鱼,从不出水。有利于国家的那些强大事物,也是不可以之示人的。要保持低调,如若大事张扬,就会让人起觊觎之心了。要知道,鱼儿出水被人看见,就会有人不断地扔下诱饵。一个国家强大的事物被他国了解,就会想办法让该国在这方面更强大,导致这国的发展严重失衡,如此发展到极点,其必将因"反者道之动"的规律而崩塌。

# 第三十七章

　　道常无为而无不为。侯王若能守之,万物将自化。化而欲作,吾将镇之以无名之朴。无名之朴,亦将不欲。不欲以静,天下将自正。

**注释:**

　　1. 道常无为而无不为:无为:第四十八章有"为学日益,为道日损。损之又损,以至于无为,无为而无不为",损的是欲望,所以当无私欲时就是无为。无不为:无私欲则全然为公,就没有不可为之事,即是无不为,即是"生而不有,为而不恃,长而不宰"之意。

　　2. 侯王若能守之,万物将自化:化,教化,教行于上而化成于下。守住道无私为公之大爱,万物将自然归道。

　　3. 化而欲作:作,起也。指侯王和万物不能守住无为之道,总要根据自己的私欲有所作为。

4. 吾将镇之以无名之朴：镇，压。无名之朴，即道（道常无名，朴——第三十二章）。用万物的根本——道，去认识万物，控制万物，这样也就不会为万物表面的纷纭现象所迷惑，不再为了执取这种现象而"欲作"了。

5. 无名之朴，亦将不欲：合道则欲望止息。

6. 不欲以静，天下将自正：正，正常。此句意为欲望止息，则万物又将自化，天下自然也就回归正常安定的状态。

# 第三十八章

上德不德,是以有德;下德不失德,是以无德。上德无为,而无以为;下德为之,而有以为。上仁为之,而无以为;上义为之,而有以为。上礼为之,而莫之应,则攘臂而仍之。故失道而后德,失德而后仁,失仁而后义,失义而后礼。夫礼者,忠信之薄,而乱之首。前识者,道之华而愚之始。是以大丈夫处其厚,不处其薄;居其实,不居其华。故去彼取此。

**注释:**

1. 上德不德,是以有德:最有德行的人与道同一,行事方式自然合乎道德,自己也并不认为这是一种德行的表现,所以才有德。

2. 下德不失德,是以无德:没有德行但却号称有德行的人有一个需要参照的行为规范,提醒自己不失德,所以他实际上是无德的,因为他和德是二不是一,德对他来说是自身之外的一个事物。

3. 上德无为,而无以为:以,利用。最有德行的人行动完全唯道是从,没有一件事是为自己的私欲而做,所以是无为,其自然就更不会做需要利用自己的德行来谋取私利的事。

4. 下德为之,而有以为:没有德行但却号称有德行的人有所作为,他会利用自己德行高尚的名声来谋取私利。

5. 上仁为之,而无以为:最有仁爱之心的人为了仁爱有所作为,却从不利用自己仁爱的名声来为自己谋取私利。

6. 上义为之,而有以为:最有正义之心的人为了正义有所作为,但是为了自己的承诺或社会公认的价值而作为,不是无私的。

7. 上礼为之,而莫之应,则攘臂而仍之:攘臂,挽起袖子,伸出胳膊。仍,本义指因循、跟随。此处指强行牵着、拽着。最有礼仪之心的人为了礼仪有所作为,礼仪繁杂,出自人为,与道相违,所以无人回应;就会挽起袖子,伸出胳膊强行掣拽百姓去遵守礼仪。礼是定尊卑名分之用,华而不实、虚伪造作,全是人为,自然无人理睬,毫无用处。

8. 故失道而后德,失德而后仁,失仁而后义,失义而后礼:所以一个社会或人,没有了道后才会强调道之德,没有了德后才会强调相亲相爱的仁爱之心,没有了相互的仁爱后才会强调公平守诺的正义,没有了正义后才会强调尊卑名分的礼。

9. 夫礼者,忠信之薄,而乱之首:所以礼制是社会道德丧失殆尽的产物,是一切祸乱的起始。

10. 前识者,道之华而愚之始:识,知识,指当时社会所教的礼仪知识。前识,可能指的是进入社会前所需学习的关于礼制的内容。华,浮华。此句意为:今日这些进入社会所需学习的礼仪制度,纯粹是些看起来好看实际内容空洞的东西,华而不实,是愚蠢的开始。

11. 是以大丈夫处其厚,不处其薄;居其实,不居其华。故去彼取此:厚,指道。薄,指礼仪制度。所以大丈夫唯道是从,不从礼制,不以尊卑上下待人待物,而是以道观之,万物平等,大爱无私而为。

# 第三十九章

昔之得一者,天得一以清,地得一以宁,神得一以灵,谷得一以盈,万物得一以生,侯王得一以为天下正,其致之。天无以清将恐裂;地无以宁将恐发;神无以灵将恐歇;谷无以灵将恐竭;万物无以生将恐灭;侯王无以贵高将恐蹶。故贵必以贱为本,高必以下为基。是以侯王自谓曰孤、寡、不穀,此其以贱为本耶?非乎?故致数车无车。不欲琭琭如玉,落落如石。

注释:

1. 昔之得一者:一,第四十二章有"道生一,一生二,二生三,三生万物"。无名之道转为有名万物,因是从无到有,所以有必与无同。此有必含阴阳对立之两面。从宏观上,阴与阳总量对称守恒,合而归零。从微观上,阴与阳并不对称,处于一种动态平衡中,以维持具体事物的存在。所以万物是在对立统一的阴阳动态平衡中存在的。所以得一即是在对立中维持自身的统一性之意。

2. 天得一以清,地得一以宁,神得一以灵,谷得一以盈,万物得一以生,侯王得一以为天下正,其致之:清,清静。宁,安宁。谷,此处指水流汇聚之处,如湖泊。正,天下的根基。宇宙要保持自身的阴阳动态平衡才能清净。星球要保持自身的阴阳动态平衡才能安宁。神仙要保持自身的阴阳动态平衡才能变化无穷。谷地要保持自身的阴阳动态平衡才能蓄水。万物要保持自己的阴阳动态平衡才能生存。侯王要保持自身的阴阳动态平衡才能成为天下不乱的根基。而这些都是因为保持了自身的阴阳动态平衡才导致的。

3. 天无以清将恐裂;地无以宁将恐发;神无以灵将恐歇;谷无以灵将恐竭;万物无以生将恐灭;侯王无以贵高将恐蹙:裂,宇宙失衡。发,本义射箭,引申为发动,如地震。歇,休息,引申为无用。灵,据上下文可能应为"盈"字。灭:消灭。蹙(cù):困窘。宇宙如不能清静,就会失衡;星球如不能安宁,就会震动不停。神仙如失去神力,就会无人问津。谷地不能蓄水就会干涸。万物不能生存就会毁灭。侯王不能保持高贵的地位,就会陷入困窘之境。

4. 故贵必以贱为本,高必以下为基。是以侯王自谓曰孤、寡、不毂,此其以贱为本耶?非乎?故致数车无车:毂,车轮中心的圆木,周围有孔与车辐的一端相接,中有圆孔,可以插轴。不毂,古代君王自谦之词,意即不能团结聚集民意。致,就也。所以高贵是以低贱为存在之本的,高楼是以下面的泥土为基础的。那些地位尊贵的王侯,自称却极可怜卑贱,这不正是以贱为本吗?难道不是吗?事物是在对立统一中以阴阳动态平衡的方式存在的,所以不能走极端,一旦走极端打破平衡,原有的事物也就不能存在了。所以高贵的侯王自称极卑贱,实际上就是一种平衡的表现。同样,权贵不能对平民过于逼迫,把平民弄没了,权贵也就失去了生存的基础,就会失去以前车水马龙的生活。

5. 不欲琭琭如玉,落落如石。琭琭,稀少。落落,许多。所以我不愿多也不愿少,保持中道最好。

# 第四十章

反者道之动,弱者道之用。天下万物生之于有,有生于无。

**注释:**

1. 反者道之动:反,返回。此反有两层含义。一是返回本源。循环往复的周行是道的运动规律。道出生万物,而万物演化的目的就是不断地提升自己,最终达到道的水平,回归本源,在实践性上与道合一。二是返回阴阳动态平衡状态。前面已经说过,万物的存在是一种阴阳动态平衡的存在,为了维护自己的存在,万物都有一种返回平衡的特性,所以越走向极端,受到的反作用力就越大,这种反作用力实际上是事物对自身现状的一种保护。当外力超出反作用力时,原有的事物就破坏了,它们或者吸收更多能量,在更高的层次上达到一种新的平衡,或者毁灭分解,在更低的层次上达到一种平衡。从本质上来说,万物演化之路的方向是固定的,那就是回归本源之路,这条回归之路是一条与道合一之路,是一条不断提升之路,所以也是一条不断克服自身的反作用力、向更高层次的阴阳动态平衡前进的演化之路。这条路由于合道,由道提供支持,所以其所需的能量来源是取之不尽的(众人皆有以,而我独顽似鄙,我独异于人,而贵食母——第二十章)。从具体事物的具体存在来说,如果万物在某一时刻忘记了道所指明的方向,而为了自己的私欲而走向极端,当其自身所能搜集的能量不足以支持其野心,就会采取掠夺他人的方式(天之道损有余而补不足,人之道则不然,损不足以奉有余——第七十七章)。但这种掠夺受到的反作用力必然是巨大的,当掠夺来的能量不足以抵抗反作用力以维持其存在时,就会被破坏,从而在一个低层次上重新得到平衡。

2. 弱者道之用:弱,力气小、柔弱,也引申为有弹性、随适的状态。此是指道生而不有、为而不恃、长而不宰之德,看起来似乎示人以弱,退而不争,微小而不强大,因此称之为弱。这种不与万物争利,无私地为万物的演化提供支持,指明方向,但却从不干涉万物的作用方式,就是道之用。

3. 天下万物生之于有:有,即有名。第一章中说"有名,万物之母",万物由道而生。

4. 有生于无:无,即无名。第一章中说"无名,天地之始",是指天地万物未生之前的状态,其实道无所谓有无,道是恒常不变的,有无均是道。有无是相对于人等智慧生命而言的,人能感知万物并命名,因而是有名;人追寻万物的来源,发现可感世界中的具体事物无一可作为万物的来源,万物来自于可感世界之外,其本源故是无名。但人与万物又都是现实存在,所以是有生于无。但无中如何生有呢?即是第四十二章所说"道生一,一生二,二生三,三生万物"之过程。

# 第四十一章

上士闻道,勤而行之;中士闻道,若存若亡;下士闻道,大笑之,不笑不足以为道。故建言有之:明道若昧,进道若退,夷道若类,上德若谷,大白若辱,广德若不足,建德若偷,质直若渝,大方无隅,大器晚成,大音希声,大象无形。道隐无名,夫唯道善贷且成。

**注释:**

1. 上士闻道,勤而行之;中士闻道,若存若亡;下士闻道,大笑之,不笑不足以为道:真正有大智慧的人听闻道的道理后,立刻努力去实践它;智慧一般的人听闻道的道理后,有时候记得有时候又不记得;没有智慧的人听闻道的道理后,觉得道是非常可笑的一件事,是啊,他们若不笑,这个道理还怎么称得上是大道呢?

2. 故建言有之,明道若昧,进道若退,夷道若类:建,立也。

昧,暗淡。夷,平坦。类,偏、不平(刑之颇类——《左传·昭公十六年》)。此句意为:所以我为此创立一套言论:光明的道路看起来好像是暗淡的,前进的道路看起来好像是在向后走,平坦的道路看起来好像是颠簸不平的。

3. 上德若谷,大白若辱,广德若不足,建德若偷,质直若渝:渝,改变、违背。最有德行的人好像是山谷,什么事都能接受容纳;最高洁的人好像是低贱卑微的,什么屈辱都能承受;德行最广大的人仿佛德行不足的样子;建立道德的人仿佛是个小偷;最诚实守信的人仿佛是背信弃义之人。

4. 大方无隅,大器晚成,大音希声,大象无形:方,居室(周垣之高八尺,五十步一方。——《墨子·备城门》)。隅(yú),角落、墙角。真正的大屋没有边角,最好的器皿很晚才能成就,最动听的音乐无声而奏,最本质的道无形无状。

5. 道隐无名,夫唯道善贷且成:道隐藏在万物的表象之后,无名。但只有道才是最好的施予者,它把力量施予万物(道生之),并帮助他们成长完全(德畜之)。

# 第四十二章

道生一，一生二，二生三，三生万物。万物负阴而抱阳，冲气以为和。人之所恶，唯孤、寡、不穀，而王公以为称。故物或损之而益，或益之而损。人之所教，我亦教之。强梁者不得其死。吾将以为教父。

**注释：**

1. 道生一：此一指阴阳平衡之一，因无名之道空虚无物，恒常不变，本在感官之外，无能感与可感，然此无名空虚之道又可生出有名万物，所以是无中生有。既是无中生有，有不能不同于无，否则道本身就改变了，而第二十五章已说，道是独立而不改的，所以，有必与无同，故有无必是对立之两面，称为阴阳，阴阳相加还为无，如-1+1=0。所以宇宙中可感万物都是相对的，有正电子就有负电子，有实粒子就有虚粒子，正与负相互吸引，碰撞后会归零，而实与虚相碰撞后会湮灭，同归于无，所以无中生有，有又归无，这就是第四十章"反者道之动"之深意。

2. 一生二：一含阴阳之两面，故是二。

3. 二生三：阴阳相抵同归于无，这是宏观的对称性，如果仅是这样，那么万物也不会产生，而二生三正是在宏观对称性下的微观的不对称性。微观上不同事物总处于阴阳不平衡中，因为事物总在运动当中，这物阳多一些，那物阴多一些，使这物呈现出阳面的性质，那物呈现出阴面的性质，所以阴是一种性质，阳是一种性质，阴阳不平衡后又呈现出每种物特有的性质，所以说是三。

4. 三生万物：如此阴阳之不平衡，组合无限，故有万物之差别，所以三生万物。

5. 万物负阴而抱阳：负，背负。万物均是阴阳相和而成，阴阳的性质在万物之中同时存在。

6. 冲气以为和：冲，水不断涌出之意。气，古人认为空间中充满了气，这种气是生命万物之能量。和，协调。阴阳不平衡才有万物，也就是说在每一刹那万物都是呈现出阳多阴少或阴多阳少之态势的。但是"反者道之动"，不平衡总要往平衡上走，有必要归于无，为此，万物为了维护自己的存在，就要"冲气以为和"，即与外界进行能量交换，不断地吸收能量或释放能量以抵御这种"反动"，例如人体之新陈代谢，总要不断地吸收能量，以补充消耗的能量，才能维持生长，所以称之为"冲气以为和"。这个过程从物本身来讲是不平衡的，但是从物与环境来讲，又是平衡的，如，人类之所以能存在，完全是因为从食物中吸收了太阳的能量，而太阳因为释放能量而不断地在衰减。从人类和太阳各自来看，都处于阴阳不平衡的状态，但是从人类与太阳构成的系统看，这个系统又是平衡的。万物这种自身的阴阳不平衡和各自之间的阴阳动态平衡关系就是事物之所以存在的原因,事物都是相互依存的,是在对立统一中存在的。

7. 人之所恶,唯孤、寡、不榖,而王公以为称:万物需要与外界交换能量而维持自己的存在,万物不平衡的程度越大,"反动"的力量就越大,想保持自身的现状就需要更多的能量,也就更难。所以他需要削弱这种不平衡,来减轻维持自己存在的困难。正是因为这个原因,虽然王公以地位而言尊贵至极,但自称却极卑微。

8. 故物或损之而益,或益之而损:所以对于万事万物而言,有时候破坏它反而是在帮助它,有时候帮助它反而是在破坏它,一切都是阴阳动态平衡的道理在起作用。

9. 人之所教,我亦教之:人们都这样说,我也这样说。但人们这样说只是对他们看到的现象的总结,而我这样说是因为了解到现象背后的原因。

10. 强梁者不得其死:横行霸道的人必将暴亡,就是因为他自身的不平衡发展到了极致,反动的力量越来越大,他终将因为没有能力继续克服这种反动而灭亡。

11. 吾将以为教父:我将以这章讲的道理作为施教的宗旨。

# 第四十三章

天下之至柔,驰骋天下之至坚。无有入于无间,吾是以知无为之有益。不言之教,无为之益,天下希及之。

**注释:**

1. 天下之至柔,驰骋天下之至坚:道无形所以是天下之至柔,因其无形所以能入于天下至坚之物。

2. 无有入于无间,吾是以知无为之有益:道无形,无名,无私,所以即使是没有任何间隙之物、心如铁石之人,道依然能融入进去,因其全然无我,所以天下没有不可救之人、不可救之物。我因为这个而知道无私而为的益处。

3. 不言之教,无为之益,天下希及之:不说而做的教化,无私而为的益处,天下是很少有人能知道的。

# 第四十四章

名与身孰亲？身与货孰多？得与亡孰病？甚爱必大费，多藏必厚亡。知足不辱，知止不殆，可以长久。

**注释：**

1. 名与身孰亲：名利与身体哪个更可亲？

2. 身与货孰多：身体与财富哪个更重要？

3. 得与亡孰病：亡，失去。得到更多财富的欲望与失去健康的身体哪个才是病？

4. 甚爱必大费：过于溺爱某一事物必然会造成极大的支出和浪费。

5. 多藏必厚亡：积聚的财富越多，被盗后的损失也越大。

6. 知足不辱，知止不殆，可以长久：知足就可以不受侮辱，知道适可而止就可以避免危险，就可以让生命平安长久。

# 第四十五章

大成若缺,其用不弊;大盈若冲,其用不穷。大直若屈,大巧若拙,大辩若讷。躁胜寒,静胜热,清静以为天下正。

注释:

1. 大成若缺,其用不弊:真正完美的器物是看起来似乎还有缺憾,但用起来却没有任何毛病。

2. 大盈若冲,其用不穷:真正的富足是看起来似乎是空空如也,但用起来却像泉水无穷无尽。

3. 大直若屈:屈,与"曲"同义,弯曲。真正坚持正义的人看起来却是委曲求全的人。

4. 大巧若拙:真正巧夺天工的事物看起来却十分笨拙。

5. 大辩若讷:真正的善辩之士看起来却不大会说话。

6. 躁胜寒,静胜热:躁,躁动。躁动可以战胜寒冷,清静可以战胜炎热。

7. 清静以为天下正:清静为入道之门(致虚极,守静笃——第十六章),安守清静之道,才是天下的正路。

# 第四十六章

天下有道,却走马以粪;天下无道,戎马生于郊。罪莫大于可欲,祸莫大于不知足,咎莫大于欲得。故知足之足,常足矣。

**注释:**

1. 天下有道,却走马以粪:却,退回。天下有道的时候,战马从军队退回郊外的田野,耕地施肥。

2. 天下无道,戎马生于郊:天下无道的时候,战马在郊外出生。喻指战争时郊外的良田沃土可想而知地变成了被战马任意践踏的战场。

3. 罪莫大于可欲,祸莫大于不知足,咎莫大于欲得:咎(jiù),过失、错误。没有比欲壑难填更大的罪了,没有比不知足更大的灾祸了,没有比什么都想拥有更大的错误了。

4. 故知足之足,常足矣:所以要知足,才能保持长久的富足啊。

# 第四十七章

不出户,以知天下,不窥牖,见天道。其出弥远,其知弥少。是以圣人不行而知,不见而名,不为而成。

**注释:**

1. 不出户,以知天下:不用出门巡游,即可知道天下之本质。

2. 不窥牖,见天道:牖(yǒu),窗户。不用开窗望天,即可知道宇宙的规律。

3. 其出弥远,其知弥少:弥,更加、越发。走的地方越远越多,对道的了解反而越少。为什么?只看到了差异的现象,不能理解其共同的本质。

4. 是以圣人不行而知,不见而名,不为而成:修道的人不用远行,在静中参悟大道,所以是不行而知。参悟大道后无所不知,所以是不见而名。与道合一后,自然成就万法,所以是不为而成。

# 第四十八章

为学日益,为道日损。损之又损,以至于无为,无为而无不为。取天下常以无事,及其有事,不可以取天下。

**注释:**

1. 为学日益,为道日损:很多人做学问做事都是为了自己的名利,所以欲望一天比一天多。而学习大道的人在做事时,注重的是不断减少自己的私欲。因为道是无私而博爱的。

2. 损之又损,以至于无为,无为而无不为:如果一个人能做到在为公做事时,不掺杂一丝个人的私欲,大家就可以放心地把各种事情交给他办了。

3. 取天下常以无事,及其有事,不可以取天下:正因为其对天下没有希求,只有付出,不会以一己之私欲劳烦万民,所以才可以得到天下;如果他对天下有所希求,就不能够得到天下。

# 第四十九章

圣人无常心,以百姓心为心。善者吾善之,不善者吾亦善之,德善;信者吾信之,不信者吾亦信之,德信。圣人在天下怵怵,为天下浑其心。百姓皆注其耳目,圣人皆孩之。

**注释:**

1. 圣人无常心,以百姓心为心:圣人无私,故无通常所谓自我满足之心,而是以百姓的心为心,即以百姓的利益为利益。

2. 善者吾善之,不善者吾亦善之,德善:善良的人,圣人对之以善;不善的人,圣人也一样对之以善,这是因为善是道之德。

3. 信者吾信之,不信者吾亦信之,德信:言而有信的人,圣人相信他。言而无信的人,圣人一样对他报以信任,这是因为信也是道之德。

4. 圣人在天下怵怵，为天下浑其心。百姓皆注其耳目，圣人皆孩之：怵(chù)，恐惧。怵怵，小心警惕的样子。圣人治理天下时，总是小心警惕地处理事物，为了避免自己犯偏知偏见自以为是的错误，他以百姓万民的所思所想为己心，百姓的遭遇皆被他所听所见，他就像对待自己的孩子一样照顾他们。

# 第五十章

出生入死,生之徒十有三,死之徒十有三,人之生,动之死地十有三。夫何故?以其生生之厚也。盖闻善摄生者,陆行不遇兕虎,入军不被甲兵,兕无所投其角,虎无所措其爪,兵无所容其刃。夫何故?以其无死地。

**注释:**

1. 出生入死,生之徒十有三,死之徒十有三:人从出生到死亡这段过程,能够顺顺利利平平安安颐养天年的,十成中有三成;刚出生不久就死去的,十成中也有三成(古代婴儿夭折率很高)。

2. 人之生,动之死地十有三。夫何故?以其生生之厚:厚,重,这里指欲望太多太重。虽然活了下来,但长大成人后动不动就陷入死地而不能善终的,十成中又有三成。为什么会这样呢?因为这些人活着时对生活的欲望太多太重了,所以才常常因贪欲而把自己陷入死地啊。

3. 盖闻善摄生者,陆行不遇兕虎,入军不被甲兵,兕无所投其角,虎无所措其爪,兵无所容其刃。夫何故?以其无死地。兕(sì),雌犀牛。我听说善于生存的人,在偏僻的道路上不会遇见犀牛老虎等猛兽;在激烈的战斗中不会被兵器击中。他使犀牛没有机会用角,老虎没有机会用爪,敌人没有机会用剑。为什么会这样呢?因为这些善于生存的人懂得节制欲望,不会轻易让自己陷入死地。

# 第五十一章

道生之,德畜之,物形之,势成之,是以万物莫不尊道而贵德。道之尊,德之贵,夫莫之命而常自然。故道生之,德畜之,长之育之,成之熟之,养之覆之。生而不有,为而不恃,长而不宰,是谓玄德。

**注释:**

1. 道生之:万物由道而生。

2. 德畜之:德,本义登高、攀登(德,升也——《说文》),意为向上之路,此处指道的行为方式。本章最后一句定义道的德为"生而不有,为而不恃,长而不宰,是谓玄德"。畜,牧养牛马,指抚养。道不但生成万物,也用"生而不有,为而不恃,长而不宰"的德行抚养万物。

3. 物形之,势成之:形,形成,指物的形状。势,事物的状态或趋向,指事物的功用。道生出万物,然后又滋养万物,这样万物就成长起来,形成其特有的形状和功用。

4. 是以万物莫不尊道而贵德:道生成万物,又以德滋养万物。万物当然以道为尊,以德为贵。

5. 道之尊,德之贵,夫莫之命而常自然:万物对道的遵从、对德的珍视,不是由于谁的命令,而是万物的本性自然而然的体现(人法地、地法天、天法道、道法自然——第二十五章)。

6. 故道生之,德畜之,长之育之,成之熟之,养之覆之:育,养子使为善称之为育。覆,遮盖、保护之意。所以道不但生成万物,还以自己的德行养育万物,成熟万物,保护万物。如此,万物岂能不尊道而贵德?

7. 生而不有,为而不恃,长而不宰,是谓玄德:生成万物但不认为自己拥有万物,帮助万物但不倚仗这种帮助干涉万物,养育万物但又不主宰万物,给万物演化的自由,这就是道的德行,它深邃玄妙,故称为玄德。此即为"弱者道之用"之深意,因为生而不有、为而不恃、长而不宰在外界看来均为柔弱之势。

# 第五十二章

天下有始,以为天下母。既知其母,复知其子;既知其子,复守其母,没身不殆。塞其兑,闭其门,终身不勤。开其兑,济其事,终身不救。见小曰明,守柔曰强。用其光,复归其明,无遗身殃,是谓习常。

**注释:**

1. 天下有始,以为天下母。既知其母,复知其子;既知其子,复守其母,没身不殆:天地万物有着共同的本源——道,所以道是天地万物之母。既然了解了万物之母,就可以以此来认识万物的真实面目(原来在他们表象上纷繁的差异背后,隐藏着共同的本质)。既然知道了万物的真实面目,就可以坚守住万物的本源——道。能够守住道,当死亡来临时,也就没有任何危险了(道乃久,没身不殆——第十六章)。

2. 塞其兑,闭其门,终身不勤:兑,口。门,眼耳鼻舌身等欲望之门。勤,辛劳。此句意为:把嘴巴闭上,少说;把身体上的欲望之门关闭,寡欲。这样一辈子都不会受辛劳之苦。

3. 开其兑,济其事,终身不救:救,援助、帮助。如果嘴巴说个不停,又不断地满足身体的欲望,那么一辈子都没有得到帮助从而解脱苦海的可能。

4. 见小曰明,守柔曰强:能够见到无名之道才可以称作是明,能够坚守住柔弱的状态才可以称作是强。

5. 用其光,复归其明,无遗身殃,是谓习常:光,指道的作用。明,光源,指道。遗,给予(相遗以水——《韩非子·五蠹》)。善用道的功用,又能归守这功用的源头——道,就不会给自己带来什么灾祸,这就叫作向永恒的道学习。

# 第五十三章

使我介然有知,行于大道,唯施是畏。大道甚夷,而民好径。朝甚除,田甚芜,仓甚虚。服文采,带利剑,厌饮食,财货有余,是谓盗夸。盗夸非道也哉!

**注释:**

1. 使我介然有知,行于大道,唯施是畏:介,独、特异(夫介异于人臣——《韩非子·外储说左下》)。假使我能独异于常人,获得关于大道的知识(我独异于人,而贵食母——第二十章),那么在天下推行大道时,我最担心的就是如何将大道的知识正确地传递给人民。

2. 大道甚夷,而民好径:夷,平坦。径,小路。大道本来非常平坦,但人们却偏爱走那小路。指有些人爱走捷径,用欺诈的手段来快速达到目的。

3. 朝甚除,田甚芜,仓甚虚:朝,朝廷。甚,多、过于。除,宫殿的台阶。芜,荒芜。朝廷宫殿的台阶非常多,喻指宫殿建得非常多、非常高,然而田野却非常荒芜,仓库更是非常空虚。

4. 服文采,带利剑,厌饮食,财货有余,是谓盗夸,盗夸非道也哉:厌,即餍,吃饱、满足之意。人们穿着华丽,佩带利剑,饮食过度,一副财货有余的样子,这就叫作盗夸!即是用欺诈的手段来夸耀自己。明明田野荒芜,仓库空虚,却一副富足有余的样子,这不是自欺欺人吗?盗夸不是道啊!

# 第五十四章

善建者不拔,善抱者不脱,子孙祭祀不辍。修之于身,其德乃真;修之于家,其德乃余;修之于乡,其德乃长;修之于国,其德乃丰;修之于天下,其德乃普。故以身观身,以家观家,以乡观乡,以国观国,以天下观天下。吾何以知天下之然哉?以此。

**注释:**

1. 善建者不拔,善抱者不脱,子孙祭祀不辍:辍,中途停止、废止。善于建造房屋的人打下的桩柱拔不出来,喻指其盖的房屋坚固耐用,后世子孙也能享受。善于抱持孩子的母亲从不脱手,喻指母亲一直对子女爱护抚养;所以子孙才能对父母念念不忘,祭祀不断。本句比喻修持道德也应如父之善建,母之善抱,既要打下牢固的根基,又要时时关照而不忘失,这样才能得道而不失道,德行也才能逐渐深广。

2. 修之于身,其德乃真;修之于家,其德乃余;修之于乡,其德乃长;修之于国,其德乃丰;修之于天下,其德乃普:所以一个人自身要实践道德,他的德行才真实;要在家庭实践道德,他的德行才会充裕;要在乡里实践道德,他的德行才会长久;要在国家实践道德,他的德行才会昌盛;要在天下实践道德,他的德行才会普惠大众。

3. 故以身观身,以家观家,以乡观乡,以国观国,以天下观天下:所以,以一个人的作为可以观察他是否有德,以一个家庭的作为可以观察这个家庭是否有德,以一个乡村的作为可以观察这个乡村是否有德,以一个国家的作为可以观察这个国家是否有德,以天下各国的作为可以观察天下是否有德。

4. 吾何以知天下之然哉?以此:我怎么能知道天下的状况呢?就以天下对道德的实践程度来判断。

# 第五十五章

含德之厚,比于赤子。毒虫不螫,猛兽不据,攫鸟不搏。骨弱筋柔而握固,未知牝牡之合而朘作,精之至也。终日号而嗌不嗄,和之至也。知和曰常,知常曰明,益生曰祥,心使气曰强。

**注释:**

1. 含德之厚,比于赤子:厚,大、多。有了浑厚道德的人,可以以刚出生的婴儿做比喻。

2. 毒虫不螫,猛兽不据,攫鸟不搏:螫(shi),有毒腺的虫子刺人或动物叫做螫。据,此处是按的意思(稽首据掌致诸地——《礼记》)。攫(jué),抓取、夺取。攫鸟指掠夺抓捕动物为食的凶恶鸟类。搏,捕捉。此句意为:毒虫、猛兽、恶鸟都不会伤害他。

3. 骨弱筋柔而握固,未知牝牡之和而朘作,精之至也:牝(pìn)牡(mǔ):雌性与雄性。筋骨虽然柔弱但小拳头却能握得紧紧的,还未懂男女之欲但小生殖器却挺得直直的,这是因为婴儿精气旺盛的缘故。

4. 终日号而嗌不嗄,和之至也:嗌(yì),咽喉。嗄(shà),嗓音嘶哑。和,和谐。阴阳动态平衡达到完美之境。婴儿终日大哭,但嗓子也不哑,这是因为婴儿的阴阳动态平衡非常完美。

5. 知和曰常,知常曰明,益生曰祥,心使气曰强:理解并实践道德后,就能够知道如何达到与保持完美的阴阳动态平衡,这也就意味着理解了那永恒之道,可以称之为真正有大智慧的明白人。这种智慧可以给生命带来大利益,所以是一件吉祥的好事。理解了永恒之道的人还能够利用阴阳平衡的规律来主动调节能量的运行(万物负阴而抱阳,冲气以为和——第四十二章),这更代表着一种强大的能力。

# 第五十六章

物壮则老,谓之不道,不道早已。知者不言,言者不知。塞其兑,闭其门,挫其锐,解其纷,和其光,同其尘,是谓玄同。故不可得而亲,亦不可得而疏;不可得而利,亦不可得而害;不可得而贵,亦不可得而贱,故为天下贵。以正治国,以奇用兵,以无事取天下。吾何以知天下之然哉?以此。

**注释:**

1. 物壮则老,谓之不道,不道早已:壮,此处是动词,增强壮大之意。如果强行让事物壮大,实际上是在使它加速到达顶点,而到达顶点就意味着衰亡的开始,所以这样强行让事物快速发展到极点的做法是不符合道的规律的,不符合道的规律就会早早消亡。因为"反者道之动",事物越接近极端,反动的作用就越大。如第九章所言:"持而盈之,不如其已;揣而锐之,不可长保。"

2. 知者不言,言者不知:有智慧的人常常少言寡语,常常侃侃而谈的人实际上没有什么智慧。

3. 塞其兑,闭其门,挫其锐,解其纷,和其光,同其尘,是谓玄同:兑,口。门,眼耳鼻舌身五种感官。锐,锋芒,指万物各自特有的不同于他物的性质。纷,杂乱,指万物之间纷纭复杂的关系。光,喻指万物对他物有利的一面。尘,喻指万物对他物不利的一面。玄同:深邃的同一性。此句意为:当去除掉万物表面所有的差异性后,就会发现万物有着共同的本质——道,这就是万物深邃的同一性。

4. 故不可得而亲,亦不可得而疏;不可得而利,亦不可得而害;不可得而贵,亦不可得而贱,故为天下贵:因为万物在本质上都是道,所以不可能因为得到了道就与道亲近,也不可能因为得到道就与道疏远,不可能因为得到了道就能够获利,也不可能因为得到了道就遭到伤害,不可能因为得到道而尊贵,也不可能因为得到道而卑贱,因为道本就遍于一切,是天下最尊贵的事物,是天下运行之本。

5. 以正治国,以奇用兵,以无事取天下:治国的要诀在于公平正义,用兵的要诀在于出奇制胜,而取天下的要诀在于对天下无所希求,没有需要劳烦万民为己服务的事。

6. 吾何以知天下之然哉,以此:然,这样。此,指上文"故不可得而亲,亦不可得而疏;不可得而利,亦不可得而害;不可得而贵,亦不可得而贱,故为天下贵"。此句意为:我是怎么知道天下是这样的呢(即为什么能"以无事取天下")?就是因为我知道"道"才是天下最尊贵的事物,决定着天下的运行。而道是"生而不有,为而不恃,长而不宰",全然无私的,所以只有无私博爱、对天下无所希求的人,才有资格治理天下(取天下常以无事,及其有事,不可以取天下——第四十八章)。

# 第五十七章

　　天下多忌讳,而民弥贫。民多利器,国家滋昏。人多技巧,奇物滋起。法物滋彰,盗贼多有。故圣人云:我无为而民自化,我好静而民自正,我无事而民自富,我无欲而民自朴,我无情而民自清。

**注释:**

1. 天下多忌讳,而民弥贫:天下如果忌讳的事太多,这也不能做,那也不能做,那么人民就会越来越贫困。

2. 民多利器,国家滋昏:人民手中的利器越来越多,国家就会越来越昏乱。

3. 人多技巧,奇物滋起:人民的手艺越来越精湛,奇特的引人贪欲之物就会越来越多。

4. 法物滋彰,盗贼多有:法律规章越来越多,盗贼(指违法乱纪的人)就会越来越多。

5. 故圣人云：我无为而民自化，我好静而民自正，我无事而民自富，我无欲而民自朴，我无情而民自清：所以圣人说：统治者不为一己之私欲而作为，则人民自然安定守法；统治者喜好清静而不扰民，则人民自然行为正直有序；统治者不希求万民为己服务，则人民自然富裕；统治者不贪求享乐，则人民自然淳朴；统治者不徇私情，则人民自然清廉。

# 第五十八章

其政闷闷,其民醇醇;其政察察,其民缺缺。祸兮,福之所倚;福兮,祸之所伏。孰知其极?其无正,正复为奇,善伏为妖。人之迷,其固日久。是以圣人方而不割,廉而不害,直而不肆,光而不耀。

**注释:**

1. 其政闷闷,其民醇醇:闷闷,闷声不响的样子。醇,本义为酒味醇厚,此处指厚道淳朴的样子。治理上越无为,人民就越厚道淳朴。

2. 其政察察,其民缺缺:察察,仔细检查分辨的样子。缺,本义残破,引申为缺点过错。缺缺,过错多多的样子。治理越细致,人民就越过错多多。

3. 祸兮,福之所倚;福兮,祸之所伏。孰知其极:不好的事情发生后可能反而会有好的事情发生,好的事情发生时可能反而隐藏着不好的事情。谁能知道事物发展的顶点在哪里呢？

4. 其无正,正复为奇,善伏为妖。人之迷,其固日久：妖,妖邪。所以事物的发展都不是固定不变的,而是根据条件的变化不断转化的,没有固定不变的正奇之分。以前认为公正的法律,在现在的条件下看来也许是不公正的；以前看来是良善的好事,在现在的条件下看来也许就是妖邪之事。人们在这一点上已经迷惑很久了。确实,人们因为固守古训、不知随时而变而作茧自缚的事可真不少啊。

5. 是以圣人方而不割,廉而不害,直而不肆,光而不耀：方,端正。割,割裂、切割。廉,本义厅堂的侧边,也指棱角,引申为做事正直有棱角。害,危害。直,耿直。肆,放肆、肆意。耀,耀眼。所以圣人追求公正但并不让人觉得不可接近,棱角锐利而并不伤害人,为人正直但并不让人觉得放肆,光照万物但并不让人觉得耀眼。圣人的目的是利人而不是害人,他不会因为固守一些过时的东西而在道德上抬高自己贬低别人,他是与时俱进的。

# 第五十九章

治人事天,莫若啬。夫唯啬是谓早服。早服谓之重积德。重积德则无不克,无不克则莫知其极,莫知其极,可以有国。有国之母,可以长久。是谓深根固蒂,长生久视之道。

**注释:**

1. 治人事天,莫若啬:啬(sè),同穑(sè),收获谷物之意。丰收是治理人事和祭祀天地的最好方式。

2. 夫唯啬是谓早服:早,清晨。服:从事、致力(若农服田力穑——《书·盘庚上》)。只有农事是一早就要出力的劳动。

3. 早服谓之重积德:积,收集谷物、积攒。清晨就开始农事劳动,可以说是重视积攒自己的德行。民以食为天,农事为一国之本,所以是德。

4. 重积德则无不克:重视积攒自己的德行,就没有什么克服不了的困难。

5. 无不克则莫知其极：没有什么克服不了的困难，其德行能到达的高度就没人能知道了。

6. 莫知其极，可以有国：德行深不可测就可以把国家托付给他。

7. 有国之母，可以长久：母，根本、原则。这样的人以农事为国家的根本，国家就可以保持长久的兴盛。

8. 是谓深根固蒂，长生久视之道：这是深根固蒂长生久视的大道啊。农业是一国人民生存之本、富足之源。其他的一切都建立在农业能够生产足够粮食的基础上。把国家交给重视农事的人治理，人民就不会挨饿，人民不会挨饿，就不会闹事，国家也就能长久地存在下去。

# 第六十章

治大国若烹小鲜。以道莅天下,其鬼不神。非其神不伤人,圣人亦不伤人。夫两不相伤,故德交归焉。

**注释:**

1. 治大国若烹小鲜:其实治理大国就像烹饪一样,烹饪讲究菜品的搭配,调料的配合,不多不少才是美味,其中蕴含的也是阴阳动态平衡的道理。治理大国也是一样,因为大国人民众多,势力庞杂,所以要把握好各方面的阴阳动态平衡,和谐治国。

2. 以道莅天下,其鬼不神:莅(lì),走到近处察看,引申为统治。以道创生万物的阴阳动态平衡的原则统治天下,妖魔鬼怪就似乎没有神通了。指天下和谐安定,无野心家起风浪。

3. 非其神不伤人,圣人亦不伤人:不仅他们的神力不能伤害人民,而且只要他们不伤害人民,则圣人也不伤害他们。治国要注重各阶层利益的和谐,不要过于逼迫某一阶层,这样就能长治久安。

4. 夫两不相伤,故德交归焉:所以以道治国,则妖魔鬼怪不伤人民,圣人也不伤妖魔鬼怪,两不相伤则他们的德行相交而同归于大道,也即阴阳动态平衡之意。

# 第六十一章

　　大国者下流,天下之交,天下之牝。牝常以静胜牡,以静为下。故大国以下小国,则取小国;小国以下大国,则聚大国。或下以取,或下以聚。大国不过欲兼畜人,小国不过欲入事人。夫两者各得其所欲,故大者宜为下。

**注释:**

　　1. 大国者下流:下流,水流向下。大国应该处于下游的位置,即在外交中保持低姿态。

　　2. 天下之交,天下之牝:天下交汇的地方就是天下产出的地方。水往低处流,海纳百川,地势越低,汇集的水越多。所以大国谦卑,则四面八方的小国自然会将利益聚集到大国,大国也就能得到最大的利益。

　　3. 牝常以静胜牡,以静为下:雌性常以清静的品性战胜雄性,静为下,为谦卑,为不争,为低姿态。

4. 故大国以下小国,则取小国:所以大国若以低姿态对待小国,则可以得到小国。

5. 小国以下大国,则聚大国:小国若以低姿态对待大国,则大国也都会聚到它身边,保护它。

6. 或下以取,或下以聚:或者以低姿态获取,或者以低姿态聚集。

7. 大国不过欲兼畜人:本质上,大国不过是想要兼并小国的土地和人民,以获得利益。

8. 小国不过欲入事人:本质上,小国不过是想要依赖可靠的大国,以获得安全。

9. 夫两者各得其所欲,故大者宜为下:所以为了让大国与小国都能顺利地得偿所愿,大国尤其应该对小国保持低姿态。因为从实际来说,小国只能靠大国的保护来得到安全,但可以选择依靠哪个大国,自然谁更尊重小国谁更能得到小国的归附。

# 第六十二章

　　道者,万物之奥,善人之宝,不善人之所保。美言可以市,尊行可以加人。人之不善,何弃之有?故立天子,置三公,虽有拱璧以先驷马,不如坐进此道。古之所贵此道者,何不日求以得?有罪以免耶,故为天下贵。

**注释:**

1. 道者,万物之奥,善人之宝,不善人之所保:奥,本义指房屋的西南角,是祭祀时设神主或尊者居坐之处,喻指深邃之奥秘。道是万物最深邃的奥秘,它是乐于向善之人最珍视的宝藏,即使那些不善的人得到它,也可以保护自身,免除灾祸。

2. 美言可以市,尊行可以加人。人之不善,何弃之有?有道者美好的言语可以换来不善之人的尊重,有道者尊贵的德行也可以加在不善之人的身上(本来无德之人修道则可以有德)。所以,对于那些不善的人,为什么要遗弃他呢?

3. 故立天子,置三公,虽有拱璧以先驷马,不如坐进此道：拱,两手在胸前相合谓之拱。拱璧,古代官员上朝时双手所持的大玉璧。驷马,指古时贵族所乘的四匹马拉的车。所以即使天子三公这样的大人物,虽然显贵无比,身怀大璧,乘坐驾四匹马的车,但也不如端坐静心,精进道德。

4. 古之所贵此道者。何不日求以得？有罪以免耶,故为天下贵：这就是自古以来人们珍视"道"的原因啊,为什么还不日日勤勉修持,以求早日得道呢？即使是有罪不善之人,也能靠修道得以免罪,成为善人,所以道是天下最尊贵的。

# 第六十三章

　　为无为,事无事,味无味。大小多少,报怨以德。图难于其易,为大于其细。天下难事必作于易,天下大事必作于细。是以大人终不为大,故能成其大。夫轻诺必寡信,多易必多难,是以圣人犹难之,故终无难。

**注释:**

　　1. **为无为,事无事,味无味**:为无为,无私欲之为,指为公而有所作为时不掺杂个人之私欲。事无事,指为公做事时,不夹带个人的私事。如第四十八章所说:"为学日益,为道日损。损之又损,以至于无为,无为而无不为。取天下常以无事,及其有事,不可以取天下。"味无味,指说话发声时均以大道为依归,如第三十五章所说:"道之出口,淡乎其无味。"

　　2. **大小多少,报怨以德**:不去计较事情大小、自身得失。对于别人加之于自己的怨恨,以符合道德的行为来回报。

3. 图难于其易，为大于其细。天下难事必作于易，天下大事必作于细：解决难事先从容易之处谋划，成就大事先从细微之处开始，天下的难事必从易处开始，天下的大事必从小处开始。

4. 是以大人终不为大，故能成其大：大人，指圣人。所以圣人从来不自以为在做大事，但却能成就大事。

5. 夫轻诺必寡信，多易必多难，是以圣人犹难之，故终无难：喜欢轻易许下诺言的人必定没有信用，喜欢把事情想得非常容易的人必然遭遇很多困难。所以圣人做事会把事情想得比实际更困难，最后做起来反而没有困难。

# 第六十四章

其安易持,其未兆易谋,其脆易破,其微易散。为之于未有,治之于未乱。合抱之木,生于毫末;九层之台,起于累土;千里之行,始于足下。为者败之,执者失之。圣人无为故无败,无执故无失。民之从事,常于几成而败之,慎终如始,则无败事。是以圣人终不欲,不贵难得之货;学不学,复众人之所过,以辅万物之自然,而不敢为。

**注释:**

1. 其安易持,其未兆易谋,其脆易破,其微易散:兆,古代占验吉凶时灼龟甲所成的裂纹,指预兆。事情在安定时容易维持,问题还没有形成征兆时容易谋划解决,坏事在发展初期还比较脆弱时容易破坏,危险在微细时容易消散。

2. 为之于未有,治之于未乱:所以在问题尚未形成时就要介入,解决隐患,在国家尚未动乱时就要加强治理。

3. 合抱之木,生于毫末;九层之台,起于累土;千里之行,始于足下:双手才能环抱的大树是从一粒小种子开始生长起来的,九层的高台是一点泥土一点泥土地累积而成的,千里的行程也是从脚下的一小步开始的。

4. 为者败之,执者失之。圣人无为故无败,无执故无失:为一己之私而谋取国家者一定会失败,为一己之私而抱持权力者一定会失去权力(天下神器,不可为也。为者败之,执者失之——第二十九章)。圣人治国不为己而为公,并不认为自己有什么成功之处,所以也就没有失败;圣人使用权力不为己而为公,并不认为权力属于自己,所以也就谈不上会失去权力。

5. 民之从事,常于几成而败之,慎终如始,则无败事:普通人做事,常常在事情快做成时把事情弄坏;如果在事情快要结束时依然能像刚开始那样谨慎对待,就不会失败了。

6. 是以圣人终不欲,不贵难得之货;学不学,复众人之所过,以辅万物之自然,而不敢为:所以圣人始终控制自己的欲望,不以稀有难得之物为贵;也学习人们通常都不学习的有关大道的知识,来修复众人的过失。圣人总是无私地辅助万事万物的自然发展,从不敢用自己私人的意志去干涉。

# 第六十五章

古之善为道者,非以明民,将以愚之。民之难治,以其智多。以智治国,国之贼;不以智治国,国之福。知此两者亦楷式。常知楷式,是谓玄德。玄德深矣、远矣、与物反矣,然后乃至大顺。

**注释:**

1. 古之善为道者,非以明民,将以愚之:古代善于以道治国的人,并不会用"道"的知识来让人民变"聪明",刺激他们争名逐利的欲望,而是用"道"的教化来使民众保持一颗看似愚钝的淳朴之心(众人皆有余,而我独若遗,我愚人之心也哉,纯纯兮——第二十章)。

2. 民之难治,以其智多。以智治国,国之贼;不以智治国,国之福:智,智谋,为己牟利的聪明。人民之所以难以治理,主要是因为争名逐利的小聪明太多,由是分别美丑善恶贵贱,为各自的私利争斗不休。因此以智谋治国是国家的祸患,不以智谋治国,是国家的福祉(不尚贤,使民不争;不贵难得之货,使民不为盗;不见可欲,使心不乱。是以圣人之治,虚其心,实其腹,弱其志,强其骨。常使民无知无欲,使夫知者不敢为也。为无为,则无不治——第三章)。

3. **知此两者亦楷式**:知道这两个道理也就是知道了治国的法则。

4. **常知楷式,是谓玄德**:能够常知法则,就称为玄德。

5. **玄德深矣、远矣、与物反矣,然后乃至大顺**:玄德是深邃的、幽远的,与人们对事物的认识相反。毕竟从常识来看,人人皆有争名逐利之心,所谓"天下熙熙,皆为利来。天下攘攘,皆为利往"。不这样做的人往往被看作愚人笨人。但道之德恰恰是无私博爱之心,默默奉献而不与人争利。实际上,只有实践这种玄德,才真正可以说是顺道而行了。

# 第六十六章

　　江海所以能为百谷王者,以其善下之,故能为百谷王。是以圣人欲上民,必以言下之;欲先民,必以身后之。是以圣人处民上而不重,处前而民不害,是以天下乐推而不厌。以其不争,故天下莫能与之争。

**注释:**

1. 江海所以能为百谷王者,以其善下之,故能为百谷王:大江大海之所以能成为众小溪小流的归处,是因为其善于处于低位,所以百川汇流而成其大。

2. 是以圣人欲上民,必以言下之;欲先民,必以身后之:所以圣人想要统治人民,必定在言辞上谦卑,以人民为尊。圣人想要领导人民,必定把自身的利益放在人民的利益之后。

3. 是以圣人处民上而不重,处前而民不害,是以天下乐推而不厌。以其不争,故天下莫能与之争:所以圣人居于高位而人民并不感觉受到压迫,总是在前而人民并不感觉自己的利益受到损害。所以天下万民都乐意推举圣人来统治他们,从来也不感到厌倦。这都是因为圣人从不与民争利,所以天下谁都不能与他相争。

# 第六十七章

天下皆谓我大,似不肖。夫唯大,故似不肖。若肖,久矣,其细也夫。我有三宝,持而保之:一曰慈,二曰俭,三曰不敢为天下先。夫慈,故能勇;俭,故能广;不敢为天下先,故能成器长。今舍其慈且勇,舍其俭且广,舍其后且先,死矣。夫慈,以战则胜,以守则固。天将救之,以善以慈卫之。

**注释:**

1. 天下皆谓我大,似不肖:大,指道(字之曰道,强名之曰大——第二十五章)。肖,相似、相像。天下都说道似乎并不像我说的那么广大重要。

2. 夫唯大,故似不肖。若肖久矣,其细也夫:其实正是因为道的作用广大无边,遍于一切,所以看起来好像不那么重要。那些看起来很重要的东西,时间长了,就会发现其实是无足轻重的。

3. 我有三宝,持而保之:一曰慈,二曰俭,三曰不敢为天下先:我有三件宝贝,持有并且一直保留着它们。一是慈爱,二是节俭,三是不去争名夺利。不敢为天下先即是不敢与人民争利之意。

4. 夫慈,故能勇;俭,故能广;不敢为天下先,故能成器长:因为有一颗大爱之心,所以能勇于帮助天下人民依道而行。因为节俭爱惜,财富就能增长广大。因为不去争名夺利,所以成为万物的首长。第六十六章:"以其不争,故天下莫能与之争。"

5. 今舍其慈且勇,舍其俭且广,舍其后且先,死矣:如果没有慈爱之心还勇于冒险,没有节俭爱惜之心还想增长财富,没有不争之心还想统治人民,那是陷自身于死地啊!

6. 夫慈,以战则胜,以守则固。天将救之,以善以慈卫之:以大爱之心去战斗,则必胜;以大爱之心去防守,则必坚。上天将要救护一个人时,就会用大善之行大爱之心去保护他。

# 第六十八章

古之善为士者不武,善战者不怒,善胜敌者不与争,善用人者为下。是谓不争之德,是谓用人之力,是谓配天,古之极也。

**注释:**

1. 古之善为士者不武,善战者不怒,善胜敌者不与争,善用人者为下:士,军人。古代擅长军事技能的人不会轻易用武力解决问题,擅长搏斗的人不会轻易被激怒,善于克敌制胜的人不会轻易与人相争,善于用人的人总是非常谦卑。

2. 是谓不争之德,是谓用人之力,是谓配天,古之极也:这就是不争的德行,这就是会用人的力量,这就是与天道相符,是古代圣人的最高境界。

## 第六十九章

用兵有言:吾不敢为主,而为客;不敢进寸,而退尺。是谓行无行,攘无臂,扔无敌,执无兵。祸莫大于轻敌,轻敌几丧吾宝。故抗兵相加,则哀胜也已。

**注释:**

1. 用兵有言:吾不敢为主,而为客:主,指主动发起战争。客,客随主便,指不得已而战。用兵的原则是:我不会主动挑起战争,只会因抵抗对方的侵略而战。

2. 不敢进寸,而退尺:为了避免战争,我不会去占领一寸不属于我的地方,而宁愿先退一尺来看看,是否可以与对方协商解决。

3. 是谓行无行,攘无臂,扔无敌,执无兵:行,行军。行无行指没有用兵的目标。攘,用手臂推。没有手臂自然无法去推倒别人,所以攘无臂喻指没有可以用于侵略战争的力量。扔,投掷武器。扔无敌指没有可以投掷武器的敌人。执，配备兵刃。执无兵指没有武器可以配备侵略军队。所以对依道治国的人而言，没有目标可以去主动进攻，没有力量来用于侵略，没有敌人可以投掷武器，也没有武器来配备侵略的军队。依道治国的人是不会主动发动战争的。

4. 祸莫大于轻敌，轻敌几丧吾宝：所以最大的灾祸莫过于轻视敌人了。轻视敌人就会对敌人的土地人民起觊觎之心，从而发动战争。这样就丧失了自己最大的财富（我有三宝，持而保之：一曰慈，二曰俭，三曰不敢为天下先——第六十七章）。发动战争就是开启杀戮，就丧失了慈爱之心。发动战争消耗巨大，节俭也就无从谈起。发动战争实质是与人争利，就更谈不上不敢为天下先了。

5. 故抗兵相加，则哀胜也已：抗，抵御。所以，我只在抵抗侵略时用兵，即使战胜，也是一件悲哀的事啊（杀人之众多，以悲哀泣之。战胜，则以丧礼处之——第三十一章）。

# 第七十章

吾言甚易知、甚易行,天下莫能知、莫能行。言有宗,事有君。夫惟无知,是以不我知。知我者希,则我者贵。是以圣人被褐怀玉。

**注释:**

1. 吾言甚易知、甚易行,天下莫能知、莫能行:我讲的道理其实很容易理解,也很容易实践。但天下的人却没有能理解、没有能实践的。

2. 言有宗,事有君。夫惟无知,是以不我知:其实这些道理都有其来源、根据,这些行为都有古圣实践。只是因为人们的无知,所以才不能理解我罢了。

3. 知我者希,则我者贵。是以圣人被褐怀玉:能够懂得我所说的这些道理的人是很稀少的,能够遵从实践我说的这些道理的人更是极其珍贵。所以说圣人虽然穿着粗布麻衣,但却怀揣珠玉珍宝啊。

# 第七十一章

知不知,上;不知知,病。夫唯病病,是以不病。圣人不病,以其病病,是以不病。

**注释:**

1. 知不知,上;不知知,病:知道自己无知,是一种优秀的品格。不懂装懂,则是一种毛病。

2. 夫唯病病,是以不病:正因为把不懂装懂看作一种毛病,所以才不会犯这种错误。

3. 圣人不病,以其病病,是以不病:圣人没有不懂装懂这个毛病,因为他以不懂装懂为病,所以就不会犯这种错误。

# 第七十二章

民不畏威,则大威至矣。无狭其所居,无厌其所生。夫唯不厌,是以不厌。是以圣人自知不自见,自爱不自贵,故去彼取此。

**注释:**

1. 民不畏威,则大威至矣:人民不畏惧统治者的威严,正是统治者的威严达到极致的表现。因为这表明人民并非服从于统治者手中的强力,而是服从于统治者设计的制度,这是统治者真正的大威信。

2. 无狭其所居,无厌其所生。夫唯不厌,是以不厌:狭,狭窄。厌,憎恶。统治者不去抢夺缩小人民的土地,不去憎恨贪求人民的劳动成果。正是因为统治者不憎恨贪求人民的劳动成果,所以人民也不憎恨贪求统治者的权力。

3. 是以圣人自知不自见,自爱不自贵,故去彼取此:彼,指自见自贵。此,指上文的"无狭其所居,无厌其所生",即不与民争利。此段意为圣人有自知之明,但并不自以为是。有自爱之心,但并不自以为贵。因为自以为是、自以为贵,都是觉得自己比别人高贵,从而强迫他人服从自己、尊敬自己,只会遭到他人的厌恶,并不可取。统治者应该做的是不与民争利,乐见其成,则其在人民中的威信自然不可动摇。

# 第七十三章

勇于敢则杀,勇于不敢则活。知此两者,或利或害。天之所恶,孰知其故?是以圣人犹难之。天之道,不争而善胜,不言而善应,不召而自来,繟然而善谋。天网恢恢,疏而不失。

**注释:**

1. **勇于敢则杀,勇于不敢则活**:敢,指为一己之私欲而斗胆争名逐利、欺压人民者。(民不畏死,奈何以死惧之?若使民常畏死,而为奇者,吾得执而杀之,孰敢——第七十四章)。不敢,指不敢为天下先者,即不与人民争利者。敢于欺压人民者是自取死地,不敢与人民争利者则能长治久安。

2. **知此两者,或利或害**:明白"不敢为天下先"的好处和胆敢欺压人民的害处。

3. **天之所恶,孰知其故?是以圣人犹难之**:为什么天道会不喜欢某些人某些事,谁能知道其中的原因呢?即使圣人对这个问题也会感到困难。因为圣人也不能了解某些人实际的作为和某些事情真正的真相,但天道却是无所不知的。

4. 天之道,不争而善胜,不言而善应,不召而自来,繟然而善谋:繟(chǎn)然,坦然舒缓的样子。此句意为:天道,从不与物相争而善于取胜,从不发声而有问必答,从不用召唤而适时出现,舒缓坦然而又谋划一切。

5. 天网恢恢,疏而不失:恢,广大。天道之网广大无边,看似网眼稀疏,却不会漏掉一件事物。

# 第七十四章

民不畏死,奈何以死惧之?若使民常畏死,而为奇者,吾得执而杀之,孰敢?常有司杀者。夫代司杀者,是谓代大匠斫。夫代大匠斫者,希有不伤其手矣。

**注释:**

1. 民不畏死,奈何以死惧之?人民根本就不怕死,为什么要以死亡来恐吓他们呢?

2. 若使民常畏死,而为奇者,吾得执而杀之,孰敢?奇,奇特,此处指不正常之事。如果有人以死亡恐吓威逼人民,驱使人民去满足其奇特而不正常的欲望,这种人我一定要捉到他杀掉,谁敢这样做?

3. 常有司杀者。夫代司杀者,是谓代大匠斫。夫代大匠斫者,希有不伤其手矣:司,掌管。斫(zhuó),用刀斧劈砍。天下有掌管刑罚的机制，即是道。如果不是像天道那样掌管刑罚的机制却想要去实施刑罚，那就好像不是好木匠却要替好木匠去做木工活，很少有不伤到自己手的。所以暴君为威吓奴役人民而滥杀，必然自误。

# 第七十五章

民之饥,以其上食税之多,是以饥。民之难治,以其上之有为,是以难治。民之轻死,以其求生之厚,是以轻死。夫唯无以生为者,是贤于贵生也。

**注释:**

1. 民之饥,以其上食税之多,是以饥:人民之所以吃不饱饭,是因为统治者的赋税太多,所以人民挨饿。

2. 民之难治,以其上之有为,是以难治:人民之所以难以治理,是因为统治者为满足自己的私欲而有所作为,所以人民难治。

3. 民之轻死,以其求生之厚,是以轻死:人民之所以不怕死,正是因为他们想要生存啊。当生存艰难到不放手一搏就必死无疑时,人民就不怕死。

4. 夫唯无以生为者,是贤于贵生也:所以如果能让人民可以不为生存操劳忧虑,是比让他们珍视自己的生命更好的善。

# 第七十六章

人之生也柔弱,其死也坚强。万物草木之生柔脆,其死也枯槁。故坚强者死之徒,柔弱者生之徒。是以兵强则不胜,木强则共。强大处下,柔弱处上。

**注释:**

1. 人之生也柔弱,其死也坚强:人活着的时候,筋骨都是柔软的,死后筋骨就变得坚硬了。

2. 万物草木之生柔脆,其死也枯槁:万物草木也是这样,当活着的时候,都是柔软的,当死亡的时候,都是坚硬干枯的。

3. 故坚强者死之徒,柔弱者生之徒:所以坚硬逞强是属于死亡的一类,柔弱退让是属于生存的一类。

4. 是以兵强则不胜,木强则共:共,同"拱",指弯曲成弧形。

所以军力过于强大反而不会胜利,树木长得太高就会变得弯而易折。军力太强大容易骄傲轻敌,所谓骄兵必败。

5. 强大处下,柔弱处上:所以一味逞强只会让自己处于劣势,保持柔弱反而会处于优势。

# 第七十七章

天之道,其犹张弓乎?高者抑之,下者举之,有余者损之,不足者与之。天之道损有余而补不足,人之道则不然,损不足以奉有余。能以有余奉天下,唯有道者。是以圣人为而不恃,功成而不处,其不欲见贤。

**注释:**

1. 天之道,其犹张弓乎?高者抑之,下者举之,有余者损之,不足者与之:天道就跟弯弓射箭一样,弓抬得高了就放低一点,抬得低了就举高一点,有余的就减少些,不足的就增加些。

2. 天之道损有余而补不足,人之道则不然,损不足以奉有余:天道就是这样损有余而补不足的。但人类社会则不是这样,在欲望的驱使下,人总是贪心不足,损不足以奉有余,让多的更多,少的更少。

3. 能以有余奉天下,唯有道者:能把自己有余的部分拿出来以供奉天下人的,只有那些有道的人。

4. 是以圣人为而不恃,功成而不处,其不欲见贤:所以圣人默默做事而不以此为傲,事情做成了也不居功,他是不想以能人的面目示人的。

# 第七十八章

天下柔弱莫过于水,而攻坚强者莫之能胜,以其无能易之。故柔胜刚、弱胜强,天下莫不知、莫能行。故圣人云:受国之垢,是谓社稷主;受国不祥,是谓天下王。正言若反。

**注释:**

1. 天下柔弱莫过于水,而攻坚强者莫之能胜,以其无能易之:天下最柔弱的事物莫过于水了,但那些善于攻击的坚硬之物却都不能摧毁它,因为没有什么攻击可以改变水的本性(上善若水。水善利万物而不争,处众人之所恶,故几于道——第八章)。

2. 故柔胜刚、弱胜强,天下莫不知、莫能行:柔弱胜刚强的道理天下没有不知道的,但却也没有能实践的。

3. 故圣人云:受国之垢,是谓社稷主;受国不祥,是谓天下王。正言若反:所以圣人说,那些如水般不与人争利,以柔弱之态,默默承受一国之污垢,默默承受天下不好之事的人,才是国家真正的君主,天下真正的王者。所以,正确的话是与常识相反的(常识中,国家的统治者都是强大而又光鲜的)。

# 第七十九章

和大怨,必有余怨,安可以为善?是以圣人执左契,而不责于人。有德司契,无德司彻,天道无亲,常与善人。

**注释:**

1. 和大怨,必有余怨,安可以为善:调和大的仇恨,必定会有小的矛盾留下,这怎么能说是善行呢?

2. 是以圣人执左契,而不责于人:左契,契约。所以圣人虽然拿着契约,但却从不苛求对方执行。意即圣人报怨以德,宁可自己吃亏,也不与人结怨(为无为,事无事,味无味。大小多少,报怨以德——第六十三章)。

3. 所以有德司契,无德司彻:司,掌管。彻,周代什一而税称作彻。司彻,指掌管税收的人。所以有德的人就像持有借据的圣人那样宽容,没有德的人就像掌管税收的人那样苛刻。

4. 天道无亲,常与善人:天道是没有亲疏远近之分的,只是永远帮助有德的善人。

# 第八十章

小国寡民。使有什伯人之器而不用。使民重死,而不远徙。虽有舟舆,无所乘之;虽有甲兵,无所陈之,使民复结绳而用之。甘其食,美其服,安其居,乐其俗。邻国相望,鸡犬之声相闻,民至老死不相往来。

**注释:**

1. 小国寡民:国土面积很小、人口稀少的国家如何治理呢?有一种观点认为此章揭示老子的政治理想就是"小国寡民",但从全书来看,应该不是这样。老子心怀天下,探讨的是宇宙运行的大道,与国之大小无关。老子所处的年代,烽烟四起,周朝已经名存实亡,诸侯纷纷自立,其国有大有小。小国如何避免被大国吞并毁灭,是一门学问。此章是从道柔弱胜刚强的角度探讨小国的生存之道,而第六十章、第六十一章则从同一角度探讨治理大国之道(第六十章:治大国若烹小鲜。以道莅天下,其鬼不神。第六十一章：大国者下流，天下之交，天下之牝）。可见老子的政治理想是以道治国，而非追求"小国寡民"。

2. 使有什伯人之器而不用：什伯，军队。古代十人为什，百人为伯。什伯人之器指武器。让人民有武器而不用。即有足够的武器来自卫，但从不主动进攻之意。

3. 使民重死，而不远徙：使人民爱惜生命，而不远迁。

4. 虽有舟舆，无所乘之：舆（yú），马车。虽然有船有马车，却无人乘坐。

5. 虽有甲兵，无所陈之：陈，排列、摆设。虽然有军队，却没有地方使用。

6. 使民复结绳而用之：使人民复归古时结绳记事的传统。

7. 甘其食，美其服，安其居，乐其俗：以其现有的衣食住行、风土人情为美，知足常乐。

8. 邻国相望，鸡犬之声相闻，民至老死不相往来：国与国之间，虽然近到可以听见对方的鸡鸣狗叫，但人民之间却从不相往来。小国寡民，自然无自保之力，只能闭关锁国，偃旗息鼓，虽然也筹备军队与武器以自卫，但对外却示人以弱。极力减少与外界的交流，避免人口流失的同时，也防止强国起觊觎之心。

# 第八十一章

信言不美,美言不信。善者不辩,辩者不善。知者不博,博者不知。圣人不积。既以为人己愈有;既以与人己愈多。天之道,利而不害。圣人之道,为而不争。

**注释:**

1. 信言不美,美言不信:真实的话往往不好听,好听的话往往不真实。

2. 善者不辩,辩者不善:善良的人往往不去争辩是非,争辩是非的人往往不善良。

3. 知者不博,博者不知:真正通达大道的人不以博学闻名,以博学闻名的人往往并不知晓大道。

4. 圣人不积:圣人从不为自己积聚财富和学识(指圣人有财则乐施,有学则乐教)。

5. 既以为人己愈有;既以与人己愈多:既,已经、完毕。因为圣人知道,帮助完别人后,自己拥有的会更多;给予完别人后,自己得到的会更多。

6. 天之道,利而不害。圣人之道,为而不争:天道的核心是利益万物而不危害万物。圣人之道的核心是为万民服务而不与万民争利。

# 附录

## 《道德真经注·河上公章句》本《老子》原文

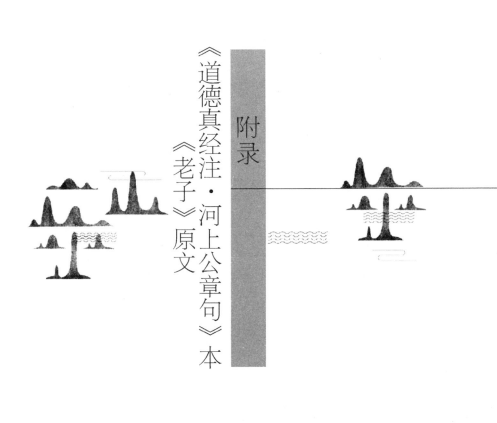

### 第一章

道可道,非常道。名可名,非常名。无名,天地之始。有名,万物之母。故常无,欲以观其妙。常有,欲以观其徼。此两者,同出而异名,同谓之玄。玄之又玄,众妙之门。

### 第二章

天下皆知美之为美,斯恶已;皆知善之为善,斯不善已。故有无相生,难易之相成,长短之相形,高下之相倾,音声之相和,前后相随。是以圣人处无为之事,行不言之教。万物作焉而不辞。生而不有,为而不恃,功成弗居。夫惟不居,是以不去。

### 第三章

不尚贤,使民不争;不贵难得之货,使民不为盗;不见可欲,使心不乱。是以圣人之治,虚其心,实其腹,弱其志,强其骨。常使民无知无欲,使夫知者不敢为也。为无为,则无不治。

### 第四章

道冲,而用之或不盈。渊兮,似万物之宗。挫其锐,解其纷,和其光,同其尘,湛兮似若存。吾不知其谁之子,象帝之先。

### 第五章

天地不仁,以万物为刍狗?圣人不仁,以百姓为刍狗?天地之间,其犹橐龠乎?虚而不屈,动而愈出。多言数穷,不如守中。

### 第六章

谷神不死,是谓玄牝。玄牝之门,是谓天地之根。绵绵若存,用之不勤。

### 第七章

天长地久,天地所以能长且久者,以其不自生,故能长生。是以圣人后其身,而身先;外其身,而身存。以其无私,故能成其私。

### 第八章

上善若水。水善利万物而不争,处众人之所恶,故几于道。居善地,心善渊,与善人,言善信,政善治,事善能,动善时。夫唯不争,故无尤。

### 第九章

持而盈之,不如其已;揣而锐之,不可长保。金玉满堂,莫之能守;富贵而骄,自遗其咎。功成名遂,身退,天之道。

### 第十章

载营魄抱一,能无离乎?专气致柔,能如婴儿乎?涤除玄览,能无疵乎?爱民治国,能无为乎?天门开阖,能无雌乎?明白四达,能无知乎?生之、畜之。生而不有,为而不恃,长而不宰,是谓玄德。

### 第十一章

三十辐共一毂,当其无,有车之用;埏埴以为器,当其无,有器之用;凿户牖以为室,当其无,有室之用。故有之以为利,无之以为用。

## 第十二章

五色令人目盲，五音令人耳聋，五味令人口爽，驰骋田猎，令人心发狂，难得之货，令人行妨。是以圣人为腹不为目。故去彼取此。

## 第十三章

宠辱若惊，贵大患若身。何谓宠辱？辱为下，得之若惊，失之若惊，是谓宠辱若惊。何谓贵大患若身？吾所以有大患者，为吾有身。及吾无身，吾有何患？故贵以身为天下者，则可以寄于天下；爱以身为天下者，乃可以托于天下。

## 第十四章

视之不见名曰夷，听之不闻名曰希，搏之不得名曰微。此三者不可致诘，故混而为一。其上不皦，其下不昧，绳绳兮，不可名，复归于无物。是谓无状之状，无物之象。是谓忽恍，迎之不见其首，随之不见其后。执古之道，以御今之有，以知古始，是谓道纪。

## 第十五章

古之善为士者，微妙玄通，深不可识。夫唯不可识，故强为之容。豫兮，若冬涉川；犹兮，若畏四邻；俨兮，其若客；涣兮，若冰之将释；敦兮，其若朴；旷兮，其若谷；浑兮，其若浊。孰能浊以止？静之徐清。孰能安以久？动之徐生。保此道者，不欲盈。夫唯不盈，故能弊不新成。

## 第十六章

致虚极，守静笃。万物并作，吾以是观其复。夫物芸芸，各复归其根。归根曰静，静曰复命，复命曰常，知常曰明。不知常，妄作,凶。知常容,容乃公,公乃王,王乃天,天乃道,道乃久,没身不殆。

### 第十七章

太上,下知有之。其次亲而誉之。其次畏之。其次侮之。有不足焉,有不信焉。犹兮其贵言。功成事遂,百姓皆谓我自然。

### 第十八章

大道废,有仁义。智慧出,有大伪。六亲不和,有孝慈。国家昏乱,有忠臣。

### 第十九章

绝圣弃智,民利百倍;绝仁弃义,民复孝慈;绝巧弃利,盗贼无有。此三者,以为文不足,故令有所属,见素抱朴,少私寡欲。

### 第二十章

绝学无忧。唯之与阿,相去几何?善之与恶,相去何若?人之所畏,不可不畏。荒兮其未央哉!众人熙熙,如享太牢,如春登台,我独怕兮其未兆,如婴儿之未孩,乘乘兮若无所归。众人皆有余,而我独若遗,我愚人之心也哉,纯纯兮。众人昭昭,我独若昏;众人察察,我独闷闷。忽兮若海。漂兮若无所止。众人皆有以,而我独顽似鄙,我独异于人,而贵食母。

### 第二十一章

孔德之容,唯道是从。道之为物,唯恍惟忽。忽兮忽兮,其中有物;忽兮恍兮,其中有象;窈兮冥兮,其中有精;其精甚真,其中有信。自古及今,其名不去,以阅众甫。吾何以知众甫之然哉?以此。

## 第二十二章

曲则全,枉则直,窊则盈,弊则新,少则得,多则惑。是以圣人抱一为天下式。不自见,故明;不自是,故彰;不自伐,故有功;不自矜,故长。夫唯不矜,故天下莫能与之争。古之所谓曲则全者,岂虚言哉?故诚全而归之。

## 第二十三章

希言自然。飘风不终朝,骤雨不终日。孰为此者?天地。天地尚不能久,而况于人乎?故从事于道者,道者同于道,德者同于德,失者同于失。同于道者,道亦乐得之;同于德者,德亦乐得之;同于失者,失亦乐得之。信不足焉,有不信焉。

## 第二十四章

跂者不立,跨者不行。自见者不明,自是者不彰,自伐者无功,自矜者不长。其于道也,曰余食赘行。物或恶之,故有道者不处。

## 第二十五章

有物混成,先天地生。寂兮寥兮,独立而不改,周行而不殆,可以为天下母,吾不知其名,字之曰道,强名之曰大。大曰逝,逝曰远,远曰反,故道大、天大、地大、王亦大。域中有四大,王居其一焉。人法地,地法天,天法道,道法自然。

## 第二十六章

重为轻根,静为躁君。是以圣人终日行,不离辎重。虽有荣观、燕处,超然。奈何万乘之主,而以身轻于天下?轻则失臣,躁则失君。

## 第二十七章

善行无辙迹,善言无瑕谪,善计不用筹策,善闭无关键而不可开,善结者无绳约而不可解。是以圣人常善救人,故无弃人;常善救物,故无弃物;是谓袭明。故善人者,不善人之师;不善人者,善人之资。不贵其师,不爱其资,虽知大迷,是谓要妙。

## 第二十八章

知其雄,守其雌,为天下溪。为天下溪,常德不离,复归于婴儿。知其白,守其黑,为天下式。为天下式,常德不忒,复归于无极。知其荣,守其辱,为天下谷。为天下谷,常德乃足,复归于朴。朴散则为器,圣人用之,则为官长,故大制不割。

## 第二十九章

将欲取天下而为之,吾见其不得已。天下神器,不可为也。为者败之,执者失之。故物或行或随,或呴或吹,或强或羸,或载或隳。是以圣人去甚、去奢、去泰。

## 第三十章

以道佐人主者,不以兵强于天下,其事好还。师之所处,荆棘生焉。大军之后,必有凶年。善者果而已,不敢以取强。果而勿矜,果而勿伐,果而勿骄,果而不得已,果而勿强。物壮则老,是谓不道,不道早已。

## 第三十一章

夫佳兵者,不祥之器,物或恶之,故有道者不处。君子居则贵左,用兵则贵右。兵者,不祥之器,非君子之器,不得已而用之。恬淡为上。胜而不美,而美之者,是乐杀人。夫乐杀人者,则不可以得志于天下矣。故吉事尚左,凶事尚右。偏将军处左,上将军处右,言以丧礼处之。杀人之众多,以悲哀泣之。战胜,则以丧礼处之。

### 第三十二章

道常无名,朴。虽小,天下不敢臣。侯王若能守之,万物将自宾。天地相合,以降甘露,民莫之令而自均。始制有名,名亦既有,天亦将知之,知之所以不殆。譬道之在天下,犹川谷之与江海。

### 第三十三章

知人者智,自知者明。胜人者有力,自胜者强。知足者富。强行者有志。不失其所者久。死而不亡者寿。

### 第三十四章

大道泛兮,其可左右。万物恃之而生而不辞,功成而不名有,爱养万物而不为主。常无欲,可名于小矣。万物归焉而不为主,可名于大矣。是以圣人终不为大,故能成其大。

### 第三十五章

执大象,天下往。往而不害,安平泰。乐与饵,过客止。道之出口,淡乎其无味,视之不足见,听之不足闻,用之不可既。

### 第三十六章

将欲翕之,必固张之;将欲弱之,必固强之;将欲废之,必固兴之;将欲夺之,必固与之。是谓微明,柔弱胜刚强。鱼不脱于渊,国之利器,不可以示人。

### 第三十七章

道常无为而无不为。侯王若能守之,万物将自化。化而欲作,吾将镇之以无名之朴。无名之朴,亦将不欲。不欲以静,天下将自正。

## 第三十八章

上德不德,是以有德;下德不失德,是以无德。上德无为,而无以为;下德为之,而有以为。上仁为之,而无以为;上义为之,而有以为。上礼为之,而莫之应,则攘臂而仍之。故失道而后德,失德而后仁,失仁而后义,失义而后礼。夫礼者,忠信之薄,而乱之首。前识者,道之华而愚之始。是以大丈夫处其厚,不处其薄;居其实,不居其华。故去彼取此。

## 第三十九章

昔之得一者,天得一以清,地得一以宁,神得一以灵,谷得一以盈,万物得一以生,侯王得一以为天下正,其致之。天无以清将恐裂;地无以宁将恐发;神无以灵将恐歇;谷无以灵将恐竭;万物无以生将恐灭;侯王无以贵高将恐蹶。故贵必以贱为本,高必以下为基。是以侯王自谓曰孤、寡、不穀,此其以贱为本耶?非乎?故致数车无车。不欲琭琭如玉,落落如石。

## 第四十章

反者道之动,弱者道之用。天下万物生之于有,有生于无。

## 第四十一章

上士闻道,勤而行之;中士闻道,若存若亡;下士闻道,大笑之,不笑不足以为道。故建言有之:明道若昧,进道若退,夷道若类,上德若谷,大白若辱,广德若不足,建德若偷,质直若渝,大方无隅,大器晚成,大音希声,大象无形。道隐无名,夫唯道善贷且成。

## 第四十二章

道生一,一生二,二生三,三生万物。万物负阴而抱阳,冲气以为和。人之所恶,唯孤、寡、不穀,而王公以为称。故物或损之而益,或益之而损。人之所教,我亦教之。强梁者不得其死。吾将以为教父。

### 第四十三章

天下之至柔,驰骋天下之至坚。无有入于无间,吾是以知无为之有益。不言之教,无为之益,天下希及之。

### 第四十四章

名与身孰亲?身与货孰多?得与亡孰病?甚爱必大费,多藏必厚亡。知足不辱,知止不殆,可以长久。

### 第四十五章

大成若缺,其用不弊;大盈若冲,其用不穷。大直若屈,大巧若拙,大辩若讷。躁胜寒,静胜热,清静以为天下正。

### 第四十六章

天下有道,却走马以粪;天下无道,戎马生于郊。罪莫大于可欲,祸莫大于不知足,咎莫大于欲得。故知足之足,常足矣。

### 第四十七章

不出户,以知天下,不窥牖,见天道。其出弥远,其知弥少。是以圣人不行而知,不见而名,不为而成。

### 第四十八章

为学日益,为道日损。损之又损,以至于无为,无为而无不为。取天下常以无事,及其有事,不可以取天下。

### 第四十九章

圣人无常心,以百姓心为心。善者吾善之,不善者吾亦善之,德善;信者吾信之,不信者吾亦信之,德信。圣人在天下怵怵，为天下浑其心。百姓皆注其耳目，圣人皆孩之。

### 第五十章

出生入死，生之徒十有三，死之徒十有三，人之生，动之死地十有三。夫何故？以其生生之厚也。盖闻善摄生者，陆行不遇兕虎，入军不被甲兵，兕无所投其角，虎无所措其爪，兵无所容其刃。夫何故？以其无死地。

### 第五十一章

道生之，德畜之，物形之，势成之，是以万物莫不尊道而贵德。道之尊，德之贵，夫莫之命而常自然。故道生之，德畜之，长之育之，成之熟之，养之覆之。生而不有，为而不恃，长而不宰，是谓玄德。

### 第五十二章

天下有始，以为天下母。既知其母，复知其子；既知其子，复守其母，没身不殆。塞其兑，闭其门，终身不勤。开其兑，济其事，终身不救。见小曰明，守柔曰强。用其光，复归其明。无遗身殃，是谓习常。

### 第五十三章

使我介然有知，行于大道，唯施是畏。大道甚夷，而民好径。朝甚除，田甚芜，仓甚虚。服文采，带利剑，厌饮食，财货有余，是谓盗夸。盗夸非道也哉！

### 第五十四章

善建者不拔，善抱者不脱，子孙祭祀不辍。修之于身，其德乃真；修之于家，其德乃余；修之于乡，其德乃长；修之于国，其德乃丰；修之于天下，其德乃普。故以身观身，以家观家，以乡观乡,以国观国,以天下观天下。吾何以知天下之然哉?以此。

## 第五十五章

含德之厚,比于赤子。毒虫不螫,猛兽不据,攫鸟不搏。骨弱筋柔而握固。未知牝牡之合而朘作,精之至也。终日号而嗌不嗄,和之至也。知和曰常,知常曰明,益生曰祥,心使气曰强。

## 第五十六章

物壮则老,谓之不道,不道早已。知者不言,言者不知。塞其兑,闭其门,挫其锐,解其纷,和其光,同其尘,是谓玄同。故不可得而亲,亦不可得而疏;不可得而利,亦不可得而害;不可得而贵,亦不可得而贱,故为天下贵。以正治国,以奇用兵,以无事取天下。吾何以知天下之然哉?以此。

## 第五十七章

天下多忌讳,而民弥贫。民多利器,国家滋昏。人多技巧,奇物滋起。法物滋彰,盗贼多有。故圣人云:我无为而民自化,我好静而民自正,我无事而民自富,我无欲而民自朴,我无情而民自清。

## 第五十八章

其政闷闷,其民醇醇;其政察察,其民缺缺。祸兮,福之所倚;福兮,祸之所伏。孰知其极?其无正,正复为奇,善伏为妖。人之迷,其固日久。是以圣人方而不割,廉而不害,直而不肆,光而不耀。

## 第五十九章

治人事天,莫若啬。夫唯啬是谓早服。早服谓之重积德。重积德则无不克,无不克则莫知其极,莫知其极,可以有国。有国之母,可以长久。是谓深根固蒂,长生久视之道。

## 第六十章

治大国若烹小鲜。以道莅天下,其鬼不神。非其神不伤人,圣人亦不伤人。夫两不相伤,故德交归焉。

## 第六十一章

大国者下流,天下之交,天下之牝。牝常以静胜牡,以静为下。故大国以下小国,则取小国;小国以下大国,则聚大国。或下以取。或下以聚。大国不过欲兼畜人,小国不过欲入事人。夫两者各得其所欲,故大者宜为下。

## 第六十二章

道者,万物之奥,善人之宝,不善人之所保。美言可以市,尊行可以加人。人之不善,何弃之有?故立天子,置三公,虽有拱璧以先驷马,不如坐进此道。古之所贵此道者,何不日求以得?有罪以免耶,故为天下贵。

## 第六十三章

为无为,事无事,味无味。大小多少,报怨以德。图难于其易,为大于其细。天下难事必作于易,天下大事必作于细。是以大人终不为大,故能成其大。夫轻诺必寡信,多易必多难,是以圣人犹难之,故终无难。

## 第六十四章

其安易持,其未兆易谋,其脆易破,其微易散。为之于未有,治之于未乱。合抱之木,生于毫末;九层之台,起于累土;千里之行,始于足下。为者败之,执者失之。圣人无为故无败,无执故无失。民之从事,常于几成而败之,慎终如始,则无败事。是以圣人终不欲,不贵难得之货;学不学,复众人之所过,以辅万物之自然,而不敢为。

## 第六十五章

古之善为道者,非以明民,将以愚之。民之难治,以其智多。以智治国,国之贼;不以智治国,国之福。知此两者亦楷式。常知楷式,是谓玄德。玄德深矣、远矣,与物反矣,然后乃至大顺。

## 第六十六章

江海所以能为百谷王者,以其善下之,故能为百谷王。是以圣人欲上民,必以言下之;欲先民,必以身后之。是以圣人处民上而不重,处前而民不害,是以天下乐推而不厌。以其不争,故天下莫能与之争。

## 第六十七章

天下皆谓我大,似不肖。夫唯大,故似不肖。若肖,久矣,其细也夫。我有三宝,持而保之:一曰慈,二曰俭,三曰不敢为天下先。夫慈,故能勇;俭,故能广;不敢为天下先,故能成器长。今舍其慈且勇,舍其俭且广,舍其后且先,死矣。夫慈,以战则胜,以守则固。天将救之,以善以慈卫之。

## 第六十八章

古之善为士者不武,善战者不怒,善胜敌者不与争,善用人者为下。是谓不争之德,是谓用人之力,是谓配天,古之极也。

## 第六十九章

用兵有言:吾不敢为主,而为客;不敢进寸,而退尺。是谓行无行,攘无臂,扔无敌,执无兵。祸莫大于轻敌,轻敌几丧吾宝。故抗兵相加,则哀胜也已。

## 第七十章

吾言甚易知、甚易行,天下莫能知、莫能行。言有宗,事有君。夫惟无知,是以不我知。知我者希,则我者贵。是以圣人被褐怀玉。

## 第七十一章

知不知,上;不知知,病。夫唯病病,是以不病。圣人不病,以其病病,是以不病。

## 第七十二章

民不畏威,则大威至矣。无狭其所居,无厌其所生。夫唯不厌,是以不厌。是以圣人自知不自见,自爱不自贵,故去彼取此。

## 第七十三章

勇于敢则杀,勇于不敢则活。知此两者,或利或害。天之所恶,孰知其故?是以圣人犹难之。天之道,不争而善胜,不言而善应,不召而自来,繟然而善谋。天网恢恢,疏而不失。

## 第七十四章

民不畏死,奈何以死惧之?若使民常畏死,而为奇者,吾得执而杀之,孰敢?常有司杀者。夫代司杀者,是谓代大匠斫。夫代大匠斫者,希有不伤其手矣。

## 第七十五章

民之饥,以其上食税之多,是以饥。民之难治,以其上之有为,是以难治。民之轻死,以其求生之厚,是以轻死。夫唯无以生为者,是贤于贵生也。

## 第七十六章

人之生也柔弱,其死也坚强。万物草木之生柔脆,其死也枯槁。故坚强者死之徒,柔弱者生之徒。是以兵强则不胜,木强则共。强大处下,柔弱处上。

## 第七十七章

天之道,其犹张弓乎?高者抑之,下者举之,有余者损之,不足者与之。天之道损有余而补不足,人之道则不然,损不足以奉有余。能以有余奉天下,唯有道者。是以圣人为而不恃,功成而不处,其不欲见贤。

## 第七十八章

天下柔弱莫过于水,而攻坚强者莫之能胜,以其无能易之。故柔胜刚、弱胜强,天下莫不知、莫能行。故圣人云:受国之垢,是谓社稷主;受国不祥,是谓天下王。正言若反。

## 第七十九章

和大怨,必有余怨,安可以为善?是以圣人执左契,而不责于人。有德司契,无德司彻,天道无亲,常与善人。

## 第八十章

小国寡民。使有什伯人之器而不用。使民重死,而不远徙。虽有舟舆,无所乘之;虽有甲兵,无所陈之,使民复结绳而用之。甘其食,美其服,安其居,乐其俗。邻国相望,鸡犬之声相闻,民至老死不相往来。

## 第八十一章

信言不美,美言不信。善者不辩,辩者不善。知者不博,博者不知。圣人不积。既以为人己愈有;既以与人己愈多。天之道,利而不害。圣人之道,为而不争。